中国播音学丛书

电视访谈节目主持艺术

鲁健 著

中国传媒大学出版社
·北京·

图书在版编目(CIP)数据

电视访谈节目主持艺术/鲁健著. --北京:中国传媒大学出版社,2013.9(2023.6 重印)
ISBN 978-7-5657-0773-5

Ⅰ.①电… Ⅱ.①鲁… Ⅲ.①电视节目—主持人—谈话法
Ⅳ.①G222.2

中国版本图书馆 CIP 数据核字(2013)第 214401 号

电视访谈节目主持艺术
DIANSHI FANGTAN JIEMU ZHUCHI YISHU

作　　者　鲁　健
责任编辑　赵　欣
责任印制　李志鹏
封扉设计　风得信设计·阿东

出版发行　中国传媒大学出版社
社　　址　北京市朝阳区定福庄东街 1 号　　邮　　编　100024
电　　话　86-10-65450528　65450532　　传　　真　65779405
网　　址　http://cucp.cuc.edu.cn
经　　销　全国新华书店

印　　刷　三河市东方印刷有限公司
开　　本　710mm×1000mm　1/16
印　　张　14
字　　数　200 千字
版　　次　2014 年 1 月第 1 版
印　　次　2023 年 6 月第 7 次印刷

书　　号　ISBN 978-7-5657-0773-5/G·0773　　定　　价　45.00 元

本社法律顾问:北京嘉润律师事务所　郭建平

目录

CONTENTS

序　言

尹　鸿

时下主持人流行出版自己的传记，为读者提供励志传奇和心灵鸡汤，而像鲁健这样撰写和出版“严肃”的学术性著作还属罕见。这本关于访谈节目主持的著作，一方面是作者对自己播音主持职业的理性认识、分析和思考，另一方面也是作者用自己的职业经验对播音主持研究的检验、论证和丰富。鲁健是中国传媒大学播音主持科班出身，在经过多年成功的职业经历之后，将自己的实践心得与学术分析结合起来，应该说是本书最大的亮点和优势。

从体例上来看，本书似乎也很像一本主持人教科书。全书从定义分类开始，分别探讨了主持人在人物类访谈、事件类访谈、话题类访谈等不同类型节目中的功能、技巧的异同，最后对主持人访谈的一般规律进行了清晰的归纳。全书风格似乎与作者主持风格一样，严谨、简洁、明晰，凸显了鲁健在播音主持的日常状态中，发现、归纳、思考、分析专业问题的追求和能力。同时，本书又与一般教科书不同，在条分缕析的框架中，更多地融入了各种播音主持的实例，有来自水均益、杨澜甚至国外同行的实例，也有来自自己的实例，从而使本书中的各种阐释获得了鲜活的支撑，读者也比较容易进入一种“实战”状态中去体验去体会主持人的职业道德、职业能力、职业误区、职业陷阱、职业瓶颈。古人说：此中有真意，欲辨已忘言。而在鲁健这本书里，却更多地体现了言与真的融合，知与行的合一。

歌德在他的名著《浮士德》中说过一句话，“理论总是灰色的，而生活之树常青”，这放到主持人职业中来看也非常实用。作为观众，我们几乎都很习惯于对各种出现在屏幕上的主持人评头品足，但是只有试过这个行业，才能真正体会到其中特殊的各种喜怒哀乐。20世纪90年代，当时中央电视台中文国际频道开播不久，我曾客串了半年一个新办栏目《千秋史话》的主持人，才明白了这个一方面“带着镣铐跳舞”，一方面完全“不容错”的职业是多么不易。所以，这种由实践者自己来撰写的学术性著作，是有一种特殊意义的，它可以最大限度地弥补理论的“灰色”，解决读者从纯学院式教材中经常感叹的“纸上得来终觉浅”的不足。鲁健在书中写到，“访谈节目主持人更被看重的不是个人的容貌和仪表，而是学识、经验、价值观和现场表现、新闻敏感以及节目掌控，因为这些内在的素质和涵养是不会随着时间的推移而消逝，反而会使主持人魅力倍增。通过主持人娴熟的驾驭技巧，可以使节目变得丰富有趣，信息量大，使观众对访谈内容眼到、耳到、脑到、心到。”这些总结，没有自己的亲身体会，往往很难意识到，即便意识到也往往很难理解其中的“真意”。

本书还附了作者所做的节目文本和节目策划案，更是鲁健自己参与前期策划环节的记录。世界上绝大多数优秀的主持人，都一定不仅仅是编导策划文稿设计的“传声筒”，而是信息的建设性传播者。参与前期策划、前期准备是这种建设性的必然要求。从鲁健的这些策划案中，我们能够体会到一个优秀的主持人，需要的不仅是口腔更是大脑，不仅是知道“怎么说”而且是知道“说什么”。

正因为对主持人定位有这样的思考，所以本书提供的远远不仅仅是一些主持人的访谈之“术”，其中还包含了某些更加形而上的思考。鲁健在书中说，“访谈节目不但给人们提供了一个以自由的语言姿态表达、沟通、交流的有效渠道，而且，在社会转型期间给文化多元、人心浮躁的社会充当了润滑剂，具有显著的社会功能和伦理力量”。这一提纲挈领的总结，将主持人访谈从技巧层面提升到了价值层面，更是体现了本书对于社会、对于人文关怀的特殊思考。主持人访谈，提供的是在大众媒介上的交流，而这种交流恰恰是社会各个不同层面沟通、理解、平衡、共存的前提，是社会的“润滑剂”，所以主持人的访谈姿态、立场、手段和技巧就不仅仅是一种形式，更是一种价值观的体现。从这些论述上，我们似乎可以看到一个主持人的境界和一本书的境界。

鲁健这本书带了一个好头，我们希望将来有更多的行业精英，不仅能够“秀”自己多姿多彩的人生经历，也能够“秀”自己的职业思考和职业能力；也希望有更多的行业精英不仅把书送给社会，而且能够走进课堂，言传身教地影响到更多的年轻人的职业选择、认同和理想。鲁健自己在这方面也做了表率，不仅常常回到母校中国传媒大学的课堂，也与敬一丹、白岩松等著名主持人一起担任了我所在的清华大学新闻与传播学院的学生指导老师，并且真正走进教室走进课堂，受到学生们的欢迎和爱戴。让更多的青年人分享他们的职业经历和经验，这体现了他们对社会责任的自觉担当。

有人说过，一个人就像一本书需要一页一页慢慢阅读；其实，一本书也像一个人需要慢慢理解。人无完人，书无完书，所以，我也相信，不同的读者肯定会读出各自不同的感受。

于清华大学新闻与传播学院

2013年6月29日星期六

（尹鸿：清华大学新闻与传播学院常务副院长，影视传播研究中心主任，博士生导师）

绪　论

在科技无孔不入的今天，人们在电视节目中渴盼和呼唤那些更加平易近人、更具人情味的东西，访谈节目便是电视在技术社会中对人本观念回归的典型之一。在进行电视访谈节目语言传播研究之初，我深切感受到的是：访谈节目不但给人们提供了一个以自由的语言姿态表达、沟通、交流的有效渠道，而且，在社会转型期间给文化多元、人心浮躁的社会充当了润滑剂，具有显著的社会服务功能和伦理力量。而在进一步的个案研究过程中，又更加认识到：优秀电视访谈节目的成功一方面是由于自觉完成了提供交流、承担社会服务功能的任务；另一方面，节目自身的定位、传播理念和制作环节的精心、精致和精巧成就了精品，成就了名牌。

近几年，电视访谈节目在我国的发展势头迅猛，从中央电视台到地方电视台，各类电视访谈节目相继出现，又不断大浪淘沙，更新换代，访谈节目制作的低成本高效率吸引很多电视台争相运作。应该说对于电视访谈节目的理论研究成果也有很多，有的从语言学和语用学的角度出发对访谈中的对话文本进行研究，有的从电视学和传播学的角度出发对节目样态、对话形式、互动方式、传播效果、接受心理等进行研究，有的从主持人的角度出发对主持人的个性、话语表达方式、知识背景和对节目的驾驭能力等进行研究。大家对访谈节目的认识，对电视主持人访谈节目的定义和分类的认识上存在分歧。在这种背景下，对电视访谈节目进行深入研究，就有了一定的价值。电视访谈节目以轻松、亲切、真实的氛围展现在观众面前，主持人以朋友式的身份出现在观众面前，极大地拉近了与观众的距离，真实情感的流露也对观众产生了强烈的吸引，也满足了观众信息、娱乐、参与的心理需求。这样形式新颖的节目，一出现就受到了广大观众的欢迎，成为各电视台的王牌节目，甚至标志性节目，可见电视访谈节目对于我国传媒业带来的影响是深刻的、巨大的。

一、研究内容

要研究电视访谈节目首先要解决的问题是什么是电视访谈节目。有人把访谈节目主持分为专访主持和谈话主持，并且认为专访节目主持人更像一个提问者，整个节目显示出比较强烈的真实性和思辨性的特点。谈话节目主持人更像是一场热闹聊天的组织者和参与者，整个节目显示出比较强烈的娱乐性和参与感。我不完全同意这种看法。经过对不同定义的分析和比较，结合访谈节目在实践中的潮起潮落，本书试图对电视访谈作出一个基本的定义："电视访谈"是指由主持人邀请新闻人物、新闻当事人或者新闻评论人，围绕访谈对象本身或者公众普遍关注的重要问题，展开人物性、事件性或话题性的讨论的节目。一般是在正常谈话的情况下，以面对面的人际传播方式，通过广播、电视媒介进行的一种大众传播活动。电视访谈节目的构成，一般以访谈对象讲述的故事或者新闻事件的述评以及舆论热点话题探讨和辩论为主线，面对各种人物、事件、话题，主持人除了通过访谈把新闻事实清楚地展现给观众，与访谈对象进行理性和感性交流以外，还要积极有效地控制话语交际过程。

电视访谈节目有不同的分类，有人根据录制现场和环境，分为演播室访谈和演播室外访谈。有人根据话语表现方式，分为访问类节目和谈话类节目。有人根据参与方式分为带现场观众和不带现场观众的访谈，甚至把不带现场观众的称为访谈节目，带现场观众的称为谈话节目。有的直接分为人物类访谈和观点类访谈。还有的认为谈话类节目就是“Talk Show”，甚至认为电视谈话节目“已经成为影响我们思想和行为方式的一种新权威”。[①] 这些都说明对访谈节目观察角度的不同和认识上的分歧。结合当今电视主持人访谈节目实践发展变化的轨迹，以大量新兴的和衰落的以及停播的访谈节目作为样本，我试图对电视主持人访谈节目做出一个概念性的认识以及一个更趋向于和实践接轨的分类方式。比如我个人认为电视访谈节目可以分为三大类：人物类访谈节目(包括谈话秀)，比如现存的《艺术人生》《杨澜访谈录》《高端访问》《鲁豫有约》以及停播的《半边天——张越访谈》《新闻会客厅》；事件类访谈节目，比如《今日关注》《新闻 1＋1》《环球视线》《时事开讲》《时事辩论会》；话题类访谈节目，比如现存的《一虎一席谈》以及停播的《实话实说》《央视论坛》等。这三类访谈节目基本构成了现今中国电视界电视访谈节目的总体样貌。它们从节目特征、传播规律、主持人风格、文化价值、现实意义等方面都互相关联却不尽相同。

此外，身为访谈节目主持人，本书也不可避免地会更多地从主持人的角度看待电视访谈节目的一般规律和特殊规律，以及主持人的作用及访谈节目样本的话语分析。对于访谈节目来讲，主持人对于现场气氛的掌控和营造更为重要，而访谈主持人也是节目成熟的标志、风格的体现。因此，访谈节目主持人更被看重的不是个人的容貌和仪表，而是学识、经验、价值观和现场表现、新闻敏感以及节目掌控，因为这些内在的素质和涵养是不会随着时间的推移而消逝，反而会使主持人魅力倍增。通过主持人娴熟的驾驭技巧，可以使节目变得丰富有趣，信息量大，使观众对访谈内容眼到、耳到、脑到、心到。

---

① 〔美〕吉尼·格拉汉姆·斯克特：《脱口秀——广播电视谈话节目的威力与影响》，苗棣译，新华出版社 1999 年版，第 14 页。

电视节目是为广大电视观众服务的，能够为观众所喜爱是我们制作节目的动力之源，电视访谈节目当然也不例外。电视访谈节目融合了语言传播和非语言传播的模式，也是一种人文和品位并重的节目形式。满足观众心理需求，是电视访谈节目的宗旨。目前我国电视访谈节目遭遇瓶颈，面临危机。从全国范围来看，优秀电视访谈节目并不多见，有许多电视台的访谈节目已经处于挣扎状态。近年来，许多电视访谈节目的口碑也是大不如前，开始走下坡路，许多节目遇到无话可说、无题可做的情况，并且内容雷同，形式老旧，甚至利用刻意制造煽情的手段来赢取收视率。我国如今的电视访谈节目存在着许多问题。存在问题是正常的，而我们需要看到的是国内电视访谈节目上升的空间是相当大的。目前我国的电视访谈节目存在的不足：一是选题范围有限。人物类访谈中嘉宾雷同，一些明星人物成为各个访谈节目的熟脸和常客。事件类和话题类访谈的选题由于要考虑社会影响经常会放弃一些过于激烈和冲突性强的选题。二是形式缺乏创新。随着电视访谈节目的增加，时间的累积，观众就会产生审美疲劳，访谈节目本来就是低成本的典型，如果在节目形态上没有创新，就很难吸引观众，所以对于网络媒体和新媒体的一些技术手段不妨吸收消化，增强互动表现力。三是主持人个性难觅。一些主持人缺乏背景知识储备、新闻敏感、情感沟通能力、文化发现能力，无法和访谈嘉宾进行平等互动的交流，冗余信息多，现场火花少，甚至还有主持人完全按照采访提纲和预备问题照本宣科，这又何谈主持人的个性魅力呢？

那么电视访谈节目的创新点又在哪里呢？

一是增强语言表现力。主持人和嘉宾语言丰富活跃有个性、对事件有看法、讲述有条理、沟通积极等。

二是增加可视性内容。电视毕竟是“视”媒体，丰富画面的补充对于访谈话题有很大的增益作用。

三是积极的互动因素。多种因素的多重互动，比如微博等新媒体互动方式的引入、主持人和嘉宾、观众和嘉宾、主持人和观众、场内和场外多层次的互动都要有所创新又相互协调。

需要思考的是，嘉宾人数的多少和有无现场观众不是辨析属于哪一种访谈节目的必然标准。而嘉宾是否是名人也不是划分不同类型访谈的标准。比如同样是名人嘉宾，可能参与事件类访谈，也可能参与人物类访谈或话题类访谈。那么依据什么划分不同类型？如何看待主持人在不同类型访谈中的作用？有没有共同的规律？优秀的主持人有没有可能在不同类型的访谈中游刃有余？事件类访谈和话题类访谈是逐渐走向不同道路，还是趋于融合？逐渐增加的突发事件报道是不是打开了事件类访谈未来大力发展的大门？总而言之，本书共分九章，分别对中外电视访谈节目的发展，电视访谈节目的定义与分类，人物类访谈、事件类访谈、话题类访谈的区别性研究以及访谈节目的创作规律，主持人的策划和能力建设，电视访谈节目的受众研究，新媒体语境下的访谈节目发展趋势等问题进行了分析和探讨。

二、研究目的

电视访谈节目的研究目的是探索电视访谈节目人文传播的本质。电视访谈节目，作为大众传播领域影响最广泛的人文性节目，积极倡导人文精神，推动文化建设的不断深入，弘扬时代精神和主流价值观。人文精神存在于古今中外，人们对它的内涵有种种不同的理解，但有基本的共同点，那就是：关怀人类，弘扬人性。其表现分为两个方面：其一，是对人的关注，特别是对人的生存状态和需求的关注。其二，是对人的尊重，是对人性和人的价值的充分肯定和彰显。人文精神随着地域、时代、媒介的不同而有不同特点，从当前电视访谈节目传播的内容和形式来看，它的人文精神表现出以下特点。

（一）弘扬时代精神

1. 创新精神

通过访谈节目展现改革开放所需要的创新意识和开拓意识。在这个日新月异的年代，开拓进取已成为最富时代精神的价值取向，努力创新成为新的价值标准。如人物类访谈节目《对话》《人物》《大家》《杨澜访谈录》所访谈的许多人物具备创新意识和开拓意识，走在时代的前列。他们积极适应时代要求，在各自的工作中进行开拓创新，取得了显著成绩，而在创造业绩的过程中，人的潜力得以充分发挥，人的价值进一步实现。

2. 人性光辉

通过访谈节目体现动人的生命光彩。比如危难时刻的浩然正气，面对困境的坚定不移，对弱势群体的无私关爱。电视传播一直重视崇高人格的宣传，注意树立见贤思齐的正面典型。像《感动中国》所展示的人物，有勇斗歹徒、见义勇为的英雄，有坚持自己的人生信念默默奉献的老人。这些节目捕捉到普通人身上闪耀着的人性光辉和生命活力，艰难中的努力，困顿中的乐观，对理想的追求，对道德的维护，显示了平淡中的伟大，琐碎中的崇高。总之，访谈中播出的这些人物与弘扬人间正气的时代精神是吻合的，体现出崇高的精神境界。

（二）弘扬传统文化

电视作为反映现实生活的大众传播媒介，必然反映生活中的各种现象和渗透其中的文化。中国传统文化以儒家文化为代表，仁德思想是儒家道德理性的具体落实。“仁”是儒家人格形象的核心，“天下归仁”是其群体人格理想的最高境界。“仁”最基本的思想即孟子概括的“仁者爱人”，它主要体现为处理人际关系中的那种深厚和睦的情感意识。电视访谈节目要注意揭示人物的情感因素，努力表现各种各样的爱：天伦之乐、夫妻之爱、手足之情、朋友之谊。

用以下几句话可以概括我们今天需要倡导的传统文化中的部分精髓。儒家思想：

(1)仁者爱人。

(2)己所不欲，勿施于人。

(3)己欲立而立人，己欲达而达人。

(4)老吾老以及人之老，幼吾幼以及人之幼。

道家思想：

(1)夫唯不争，则天下莫能与之争。

(2)我有三宝：一曰慈，二曰俭，三曰不敢为天下先。

(3)我无为，而民自化；我无心，而民自正；我无事，而民自富；我无欲，而民自朴。

(4)祸兮福之所倚，福兮祸之所伏。

(三)倡导民主和法制观念

1. 民主观念

民主观念是西方人道主义精神的核心内容，近年来在中国也开始得到重视，民主是自由发表意见的权利，要求公平、公正、公开，反对独断专行。近年来电视中所报道的选举干部、大学生就业、火车票价格听证会等内容都体现了科学、民主和公正的思想。比如《新闻调查》的一期节目《大官村里选村官》报道一个边远村庄选举村长的过程，从提名到演讲到唱票都作了充分报道，从中看出村民民主意识的萌芽。民主意识还直接体现在谈话节目和对话节目中，主持人提出话题后，让嘉宾和观众各抒己见，畅所欲言，经常出现不同意见的碰撞、争论，营造出民主、活跃的气氛。

2. 法制观念

改革开放以后，随着社会的发展，市场经济中错综复杂的矛盾的出现，人们的法制意识得到增强，对法律问题的关切度、对法律知识的需求度不断提高，于是，出现了《今日说法》《大家看"法"》等法制类访谈节目。这些节目，不仅满足了观众的知晓权，而且以案说法，从法律层面为观众解疑释惑，弘扬法理，提高群众的法律意识。更为重要的是，这些节目中显示出人们的法律意识已经向更广更深的领域拓展。如果说，过去人们对法律的理解较多地停留在刑事案例方面，那么，如今，人们的法律意识已经渗透到生产、流通、工作、生活、伦理、精神等方方面面。在法律意识的背后，则是人的觉醒，是对自身权益的维护，体现了自尊自强的精神。比如 2008 年《今日说法》"被'克隆'的身份证"这期节目，说的是成都市的一位叫陈刚莉的女士不会开车，却涉嫌一个交通事故，原因是肇事现场遗留的小灵通的机主是她的名字。陈刚莉和家人从未使用过小灵通，陈刚莉带着疑问拿着身份证到电信营业厅查询，查询结果让陈刚莉目瞪口呆，电信营业厅的记录显示，用陈刚莉身份证登记的竟然有 300 多部小灵通电话，其中 100 多部因欠费造成停机，现在仍然使用的小灵通将近 200 个。通过这样一个案例，专家层层解读，评述身份证被盗用的情况之严重，并从法律的角度告诉大家如何维护自己的合法权益。这样的访谈节目，对于培养大家的法制观念起到非常积极的作用。

(四)倡导平民意识

1. 民生的角度和内容

中国电视自 20 世纪 90 年代开始，一些访谈节目从选题到内容关注了百姓面临的种种困难和问题，比如 2012 年两会期间中央电视台新闻频道推出的《泉灵三问》，就贫困问题、住房问题、疾病问题、失学问题、下岗问题等专访各分管部门的领导，比如卫生部长、教育部长、民政部长等。

电视传播理念从传者中心转向受者中心，受众本位思想得以确立。从电视的栏目定位、节目选题、角度选择、采访方式、表现手段等方面注意以受众需要和爱好为出发点，进行各种合理有效的活动，使受众获得满足，体现出对受众的关怀、理解和尊重，体现出以民为本的人文精神。

2. 民众的需求和参与

随着电视的发展，民众的参与热情越来越高，他们要亲自到屏幕上一显身手。电视访谈节目提供了这样一个场所，让大家在屏幕上各抒己见，充分交流。这种交流，与日常的交流十分相似。这种传播方式更富于人性化，更能体现电视传播的人文精神。这是因为，对于直接上屏幕参与谈话的观众来说，他们在屏幕上侃侃而谈，他们的个性、智慧、兴趣、见识得到充分展示。尤其是在相互的交流和碰撞中，激发出人们心灵深处的思想和情感，使人们迸发出强大的生命活力。每个人因自我价值得以体现而兴高采烈，整个节目焕发出人性的光辉。而对于屏幕下的观众来说，他们看到上屏幕的不是高不可攀的大人物，而是与他们一样的普通人，就会感到亲切，于是，他们把屏幕上的观众当作自己的代表，对他们有一种天然的认同感。屏幕上观众的发言会带动他们进行思考，他们不知不觉地卷进屏幕上的讨论，好像自己也是其中的一员，他们的思维、情感也被调动起来，于是，屏幕前的观众也因间接参与节目而获得心理上的满足。而且，因谈话节目完整保留现场的人际互动氛围，对谈话者的语言、性格、心态进行全方位展示，形成信息场。在这种全方位的场的传播中，由于信息的完整和势态的延伸，而让人获得诸多超越言语的感知，因而得到全方位的满足，他们的参与感也更加强烈。

（五）倡导批判精神

对于人文精神，一方面是对人性真善美的赞扬，另一方面是对人性假恶丑的批判和揭露。人性是一个矛盾体，真善美与假恶丑并存。为了修正恶，就要动用批判的武器。只有在与恶的搏击中，才能显示出善的光辉。假恶丑是反人文精神的，对于假恶丑无情的揭露，正是为了更好地弘扬真善美的人文精神。这种批判精神，在当前更加需要。自 20 世纪 80 年代开始，我国现代化建设成绩辉煌，国民经济飞速发展，人民生活水平大大提高。但是，另一方面，现代化带来的负面影响也充分暴露：道德滑坡，价值失落，金钱至上，腐败丛生……这些问题归根结蒂是人的异化所造成的。

德国精神分析学派的人物弗罗姆在他的著作《占有还是生存》中对这种问题有一些批判性的思考，很切合现实，值得一读，正如书名，弗罗姆区分了这两种不同形式的个人体验、生存方式、社会性格：占有（to have）和生存（to be）。重占有的生存方式的基础是以利润为取向的社会，而占有观念的实质是：物物，也物于物——占有者和占有物都成为了物，两者之间的关系是死的、没有生命力的。弗洛姆说："看起来，我好像拥有一切，实际上一无所有，因为我所有的、所占有的和所统治的对象都是生命过程中暂时的瞬间。"①

而重生存的先决条件就是独立、自由和具有批判的理性，特征是积极主动地生存。"这种主动性说的不是那种外在的、身体的活动，不是忙忙碌碌，而是内心的活动，是创造性地运用人的力量。"在奉献与分享中，在发挥主动权与承担一定的责任的创造性活动中，快乐就随之产生了。就像弗洛姆所说："现代意义上的主动（活动）没有区分什么是积极主动，什么是忙碌。这两种活动有着根本的区别，我们可以说，这种区别就像'异化'和'没有异化'的活动之间那种区别一样。在异化的活动中，我并没有体验到我是自己行动的主体，我体验到的是我的活动的结果，某种与我相脱离、超乎于我之上或与我相对立的'彼岸'的东西。从根本上说，行动的

---

① 〔美〕埃里希·弗罗姆：《占有还是生存》，关山译，生活·读书·新知三联书店 1989 年版，第 45 页。

不是我，而是内在或外在力量通过我来行动”。[①]市场经济推动了国民经济的巨大发展，而一部分人却被他所创造的物所统治，成为物化的人，导致金钱崇拜，物欲至上，乃至腐化堕落，贪赃枉法。而社会主义的本质，就在于扬弃异化，实现人的复归。

电视访谈节目中曾经深受欢迎的《焦点访谈》和《新闻调查》集中体现了人文精神的批判性。如《焦点访谈》曾经对农村滥建豪华坟墓、滥建寺庙的批判，还有对于公路乱收费、非法传销活动、毁坏文物的揭示，最引人注目的是对老百姓深恶痛绝的腐败行为的揭露。《新闻调查》提出了“探寻事实真相”的创作理念，在2000年前后诞生了一大批透过现象看本质的批判性节目，比如《行贿日记》《少女董书君》《黑色交易》《温岭黑帮真相》《绛县的经验》《海登神话》《行贿大公家》《范李之死》《远华大案》《艾滋病人小路》《南丹矿难内幕》《黑哨内幕》《药品回扣内幕》《向农民道歉》《与神话较量的人》《揭秘东突恐怖势力》等等。

通过访谈节目寻找人物和事件中的真善美，对社会不良现象和腐败行为进行批判、揭露，是符合民心的理性批判精神的体现。社会上的腐败分子和不法分子坑蒙拐骗，贪赃枉法，无恶不作，害国害民，人民群众对之深恶痛绝；而蔓延甚广的不正之风，败坏了社会风气，也影响了正常的工作秩序，令人愤慨。对这些行为进行批判、揭露，大快民心，维护了社会的安定和百姓的利益，人民群众由此看到正义战胜邪恶的巨大力量。通过对丑恶行为的揭示，将人性上升到普遍性、抽象性、哲理性的角度来认识，挖掘根源，警示他人，扬弃人的异化，达成人性的复归，这样就从另一方面体现出了人文精神。因此，如何利用电视访谈节目，更好地为受众服务，成为电视人文精神的独特话题。

---

① 〔美〕埃里希·弗罗姆:《占有还是生存》，关山译，生活·读书·新知三联书店1989年版，第76页。

三、个案研究

电视访谈节目主持研究以具体节目主持实践为依据，着重进行个案研究。

(一)个案选取

在个案的选取上，按照对访谈节目的分类选择了几个电视节目为主要的研究样本，它们是：人物类访谈节目：*Larry King Live*、*Hardtalk*、《面对面》、《艺术人生》、《鲁豫有约》、《半边天——张越访谈》；事件类访谈节目：《今日关注》、《新闻 1+1》、央视重大新闻事件直播访谈；话题类访谈节目：《一虎一席谈》、《实话实说》、《对话》。之所以选择这些节目样本，是因为：

(1)有权威性和知名度。

(2)传播效果好，具备研究价值。

(3)取得样本具备一定的便利条件。

(4)笔者是这些节目的忠实观众，有研究兴趣。

(二)资料收集

1. 资料内容

节目的定位：如节目形态、话语形态、演播室环境、受众定位等。

主持人的信息：如性别、年龄、主持风格、外形特征、性格、成长经历等。

栏目发展史：如创办的时间、在何种情况下创办、当时的背景事件、有影响力的重要节目。

节目方案：各栏目策划文案样本和最终形成的节目文本。

2. 资料收集的方法

文本法：主要通过向各栏目借阅和复制节目文本、策划方案来实现。

调查法：参阅相关的调查报告，主要是关于节目收视率的调查、受众定位的调查等。

访谈法：通过与主创人员谈话获得所需的资料，有节目主创人员的第一手材料。

(三)文本分析

对收集来的样本进行分析，深入了解节目的内容架构以及主持人台前幕后的工作和感受。主要从以下几个层面展开分析：

(1)节目文本中传递的节目品质。

(2)节目文本中传递的人文价值。

(3)节目文本中传递的主持人话语风格。

(4)节目文本中话语样本部分的语言学研究。

(5)节目文本中话语样本的比较分析。

(6)节目文本中话语样本的定性分析。

第一章

电视访谈节目的定义与分类

第一节　中外电视访谈节目概览

电视访谈节目的开端可以看作是爱德华·默罗的《面对面》。1953年,美国哥伦比亚广播公司(CBS)的主持人爱德华·默罗开始主持访问节目《面对面》。默罗在演播室里同美国各种人物讨论不同话题,从开播到1959年6月26日停办,先后有500多位来宾成为默罗的访谈对象,该节目是当时美国收视率最高的十大节目之一。1968年9月24日开播的美国哥伦比亚广播公司的《60分钟》更是访谈节目发展的里程碑。时年50岁的主持人迈克·华莱士出现在主播台上,此后,他以针砭时事、不按常规出牌、讯问式的采访为世人所知。甚至《60分钟》曾推出一个宣传片,宣传片中问道"哪四个单词令骗子和无赖最为闻风丧胆?",答案就是"Mike Wallace is here"(迈克华·莱士来了)。

电视史学家一般把美国全国广播公司(NBC)1954年推出的《今夜》看作是第一个电视谈话栏目。所以国外的访谈节目和国内的访谈节目概念并不一致，国外用一个词"interview"涵盖了访谈和专访，甚至包括记者的采访，而把谈话节目称作"talk show"，这在一定程度上模糊了国内对于访谈节目的认识。

笔者认为，访谈节目不等同于专访，而是涵盖了专访和谈话，涵盖了"interview"和"talk show"等不同类型。从国外的谈话节目发展来看，其实国外的很多谈话类节目，在我国也被统称为访谈节目。在美国，随着电视的成熟，晚间新闻节目和新闻主播主持的专访节目一度抢了谈话秀节目的风头，谈话秀类型的节目没有得到充分的发展。

20 世纪 80 年代，西方电视界才再度兴起谈话节目热，这种节目开始成为许多电视台的重头戏，脱口秀（talk show ）主持人成了西方社会的明星。比如著名主持人拉里·金，他 1959 年首次涉足电视界，但主要仍以主持电台脱口秀著称。1978 年他接手"相互电台网"的晚间脱口秀的主持，听众范围从此扩大到全美。1985 年，美国有线新闻网（CNN）聘请他担任节目主持人，开播了《拉里·金现场》（*Larry King Live*）节目。这个节目播出之后没多久，就成为 CNN 收视率最高的节目之一，而拉里·金也成为第一个在世界范围内享有盛誉的脱口秀节目主持人。2010 年 6 月，拉里·金宣布于当年秋天退出 CNN；2012 年 2 月，拉里·金正式结束 CNN 任职。从拉里·金现场呈现的节目形态看，虽然也被称作谈话秀节目，但其实和专访节目的形态基本类似。

《奥普拉秀》（*Oprah Winfrey Show*）也是美国最成功的脱口秀节目之一，由著名黑人女性主持人奥普拉主持，是在美国电视史上收视率最高的脱口秀节目，也是美国历史上播映时间最长的日间电视脱口秀节目，1986 年 9 月 8 日至 2007 年 9 月 10 日已制作超过 3000 期，节目一直延长到 2011 年。奥普拉的节目极具影响力，其主题渗透到美国流行文化意识包括社会问题的探索。当然，还有其他的热门时事访谈类节目，如 NBC《会见媒体》、ABC《本周》、CBS《面对国家》和 FOX《周日》，还有谈话秀类型的节目《今夜谈话节目》《大卫·莱特曼深夜秀》《乔恩·斯图尔特每日秀》《狂热周末》也一度在美国非常流行。

再比如英国广播公司(BBC)的招牌节目 *Hardtalk*,每周一到周四在《BBC 全球》和《BBC 新闻 24 小时》中播出。在 2005 年之前,主持人一直是蒂姆·塞巴斯蒂安(Tim Sebastian,简称 TS),他以喜欢提些很难回答有时还有争议的问题闻名,并借此吸引了全世界大批的观众和听众。一些世界级的名人先后经受了 TS 的"严刑拷问",包括巴基斯坦前总统穆沙拉夫、南非前总统姆贝基、前南斯拉夫第一夫人米拉·米罗塞维奇等。

发展到今天,访谈节目在国外的电视屏幕上已经占据了全部电视节目播出的近三分之一,这一现象也为我国的电视人所关注。那么中国的访谈节目从何时发轫呢?一种说法是:"电视谈话节目的开端以 1993 年 1 月上海东方电视台开播的《东方直播室》为标志,而真正在全国掀起谈话节目热潮的则以《实话实说》(1996 年)为标志。"[①]概括说来,我国电视访谈节目的发展经历了两个阶段,第一阶段是从 1993 年上海东方电视台《东方直播室》的创办到 1996 年中央电视台《实话实说》的创办,属于开创期。第二阶段从《实话实说》的创办发展至今,全国已经有超过 200 个访谈节目,属于飞速发展期。

1993 年上海东方电视台推出的《东方直播室》,是我国内地最早的谈话节目,而且采取相当先进的直播方式,在上海地区的影响十分广泛。1996 年中央电视台新闻评论部推出的《实话实说》一炮走红,从此一股强劲的谈话风抢滩电视黄金档,各种各样的电视访谈节目相继推出,时至今日,出现如中央电视台的《对话》《面对面》《艺术人生》《新闻 1+1》《今日关注》等,还有从荧屏消失的《央视论坛》《今晚》《五环夜话》

---

① 石长顺:《电视栏目解析》,武汉大学出版社 2008 年版,第 245 页。

《国际观察》《新闻会客厅》等，北京电视台的《国际双行线》《五星夜话》等，东方电视台的《东方直播室》《可凡倾听》等，湖南电视台的《天天向上》《快乐大本营》等，凤凰卫视的《名人面对面》《鲁豫有约》《锵锵三人行》《一虎一席谈》等。此外，由于有些访谈类节目的时效型和时政性不强，适合独立电视节目制作公司（即内容提供商）以制播分离的运营方式制作和发行，不少节目制作公司也推出了各色电视访谈节目，如《杨澜访谈录》《超级访问》《女人百分百》《天下女人》《非常接触》等。

对于中国的访谈节目或者谈话节目与西方的不同，著名媒体人杨澜曾经在接受南都记者采访时有过如下一段对话：

杨澜：美国脱口秀是千种百样的，David Letterman（大卫・莱特曼）的节目和奥普拉的不一样。中国的谈话类节目尤其是晚间播出的，很难达到那种嬉笑怒骂的程度，主要是因为题材的限制。其次，奥普拉的节目属于日间脱口秀，中国不像美国那样有日间家庭主妇的收视群体，所以我们没有日间脱口秀。中国的脱口秀切中现实的少，在明星之间钻来钻去的多，我自己也不能免俗。我能理解同行，并不是大家不想做，只是有的时候做不了，就做一些方便的吧。

记者：除了题材上的限制，还有没有其他的困难？

杨澜：在公众参与表达的能力方面我们和美国也很不一样。美国有一种说的文化，不管受教育程度高低，普罗大众起码能比较顺畅地表达自己的感情。所以有很多人上节目讲自己的故事，哪怕是一个非常复杂或难以启齿的人生故事，（他们）表达能力都不错。

中国的公众参与有几类。一类是政治人物，他们普遍表达能力并不好。在美国，比如奥巴马上奥普拉的节目，他可以用非常生活化的语言来谈自己，但中国的官员宁可不要犯错误，也不愿意多说，所以中国政治人物的语言普遍是不生动的。其二是学者们，他们的语言近些年有很大改变，但真正好的也是凤毛麟角。再者就是普罗大众，因为受到口音、教育程度和生活环境的限制，在百姓情感类谈话节目里，当事人要把自己心里怎么想的说清楚特别困难。还有一方面就是中国文化上的含蓄，比如做一个宫颈癌或者乳腺癌的话题，在美国找一个人说这方面的经历并不难，在中国却很难。我们的语言环境不是那么成熟和到位。

总而言之，从目前中西方访谈节目的总体样态来看，确实存在几个方面的不同：

第一，访谈对象选择不同。西方访谈节目的访谈对象从总统和各国领导人到明星、百姓，甚至边缘人群如同性恋、吸毒者、妓女等等。而国内节目人物类访谈以明星为主，事件类访谈以专家学者的第三方评论为主。第二，讨论话题开放程度不同。西方访谈节目的话题从时政大事、国际风云、种族冲突到家庭纠纷、社会问题等，而中国的访谈节目在敏感的国内突发事件和敏感社会事件的关注上明显乏力。第三，受众参与性和互动性不同。西方的访谈节目无论是现场观众的参与还是场外观众的电话热线都非常热烈，极端的情况甚至有现场观众严词攻击嘉宾以及场外观众电话热线辱骂嘉宾的情况，这些在访谈节目中都能包容，但类似于 call in 这种直播中的场外参与等方式在国内的节目中还很少出现。

第二节 电视访谈节目的概念辨析

吴郁教授在《主持人的语言艺术》一书中论述:“可能受国外相应节目翻译的影响,人们通常也给专访冠以宽泛的概念‘访谈’,不过从更规范、更严谨的角度看,从分类研究的角度看,‘访谈’是个大概念,它包括了主持人专访和主持人谈话两种节目形态。”同时她还谈到:“电视谈话节目是指:由主持人邀集有关人士及受众,围绕公众普遍关注的重要问题,在轻松和谐、平等民主的氛围中展开讨论的群言式言论节目。随着谈话类节目的不断发展,电视谈话的话题也不断丰富,除了公众普遍关注的重要问题,各类以人物为核心的谈话节目也不断推出,但谈话节目的最重要的特点——群言式并未改变,这一特点也是它与专访节目相区别的主要特征。”①

我赞同吴郁教授的看法,访谈分为专访和谈话。当然,这是从采访的形态表现上所做的划分,主要的依据是“群言”和“非群言”,而我则试图把包括专访和谈话的所有访谈节目,依据主体要素的构成关系做出分类,期望能够把现有的访谈类节目容纳进去,并进行一个新的分类。主要也是因为,在实践中,专访这种形态由于对电视的传播规律的游离,已经显示出式微的态势。在电视专访节目中,屏幕上出现记者(或主持人)与采访对象的问答对话,问题由记者(或主持人)提出,谈话的中心和谈话的主角是专访对象,在整个访问过程中,采访者和受访对象相对单一,谈话环境较为固定,谈话方式较为简单,话题也相对单一,谈话的话轮转换主要在采访者和受访者之间进行,其呈现出的特点使得视听感受出现持续性的

① 吴郁:《主持人的语言艺术》,北京广播学院出版社 1999 年版,第 358 页。

“审美疲劳”，而且电视传播本身是不擅长传播理性对话的内容的，而是逐渐被互动积极的、参与感强的、有观点争论的电视访谈节目形态所取代。即便不是“群言式”的访谈，专访本身也在追求话题的挑战性，在“访”的语态中，访问者也经常融之以质疑、探讨、甚至场外观点的引入，所以电视的访谈，即便是专访，在实践中也呈现一个话语场的环境，而不是简单的提问回答，甚至为了可视性的提高，即便是专访性的电视栏目，也会越来越多地运用互动性的手段，这也是电视访谈节目即便是专访性的节目也不同于传统的记者专访的形态。

只要是作为访谈性的电视形态出现，就一定会在“访”和“问”的语态中兼容“谈”和“辩”的语态，从这个角度讲，访谈节目本身就包含了“访”和“谈”两种因素，或者说，在电视传播的语境中，不存在只访而不谈的专门栏目。专访将成为一种语态而不是一种节目形态。所以笔者希望能够从访谈的概念入手而不是从专访和谈话的概念入手，对访谈节目下一个定义，并力求在形态的重新划分中，把专访和谈话类型也容纳进去，比如在人物类访谈中，有专访也有谈话，在事件类和话题类访谈中也是这样，访和谈在电视访谈类节目的实践发展中已经不再有明显的分野，而是越来越多地呈现出专访与谈话结合的特点，这也是电视表现手段多样化和受众接受心理的需要。随着突发性事件和社会热点事件的频发以及人们对公共事务话题参与的热情，访与谈结合的访谈节目会越来越多地占据荧屏并重新焕发生机。

笔者认为，所谓访谈节目，就是主持人与一个或多个嘉宾在一定的媒体时空环境中进行谈话、讨论、交流、沟通、评价、质疑甚至争辩，从而营造某种适合交流的话语场，通过有效的沟通、深入的探询，以达到或是分析新闻事件发展脉络，或是展示人物人生经历揭示其内心世界，或是探究某些人或整个社会对于某一问题的价值判断和价值取向为目的的节目。

电视访谈节目是指由电视主持人邀请新闻人物、新闻当事人或者新闻评论人，围绕访谈对象本身或者公众普遍关注的重要问题，展开人物类、事件类或话题类讨论的节目。一般是在正常谈话的情况下，以面对面的人际传播方式，通过电视媒介进行的一种大众传播活动。电视访谈节目的构成，一般以访谈对象讲述的故事或者新闻事件的述评以及舆论热点话题探讨和辩论为主线，面对各种人物、事件、话题，主持人除了通过访谈把新闻事实清楚地展现给观众，与访谈对象进行理性和感性交流以外，还要积极有效地控制话语交际过程。

第三节　电视访谈节目的分类

访谈节目是我国广播电视节目中盛行较早的主持人节目类型，然而在发展过程中，不同节目形态常常被杂糅在一起，很多人无论是在理论研究层面，还是在实践操作层面都模糊了差异。笔者的观点是，访谈节目分为人物类访谈节目、话题类访谈节目、事件类访谈节目，三者是并列关系，三者属于不同的节目形态和节目类型。访谈是“访”与“谈”的结合，“访”有调查、探询之意，访谈强调了交流中探询的意味。而广播电视中的访谈，则大体可分为记者的采访和主持人的访问两种，在实践发展中，尤其是在主持人访谈节目中，往往是访中有谈，谈中有访，电视的访问为了避免形态表现的单一，也拒绝单纯的提问回答模式，而是更多地质疑、探讨甚至互动，比如 *Larry King Live* 节目对内贾德的专访就引入被扣押的美国人质的亲属的问题。

访谈节目正在由节目形态本身的区别性特征逐步向栏目类型特征不断明显的趋势发展。节目形态是节目所呈现的一种状态，虽然这种状态还不很稳定，但出现的频次已经不断增多，随之会形成一个栏目化的风格特征。比如曾经中央电视台的《新闻调查》栏目在开办后的相当一段时期内，其选题糅杂了事件性报道、话题性报道、人物访谈，所以，当《新闻调查》在选题方向上日益廓清后，首先放弃了话题性的选题，随后放弃了人物访谈类型的节目。《新闻调查》中人物访谈节目分离出来后，成为另一个新闻人物栏目的基础，这就是《面对面》。体裁是节目形态发展的高级形式，节目体裁具有整体性、特定性、稳定性的特点。随着广播电视事业在我国的不断发展，特别是节目栏目化的不断成熟，不同类型的访谈节目已经越来越具有节目体裁的意义了。从这个层面上看，明确区分访谈节目的不同类型，找到访谈主持的创作规律，已是兼具理论和实践的双重意义了。但是划分访谈节目的类型也不能仅仅依据栏目，因为在电视访谈节目的实践中，仍然存在同一栏目涉足人物专访、事件性访问和话题性谈话的情况，同样是人物访谈栏目，也会兼容影响力人物包括名人明星、新闻事件当事人、公众话题性人物。所以节目体裁也存在可变性的特点。不同类型访谈节目的划分，大体可以从以下几个方面着手。

一、主持人承担的功能

在事件类访谈节目中，主持人是一个理性的分析者、判断者，主要是根据经验对嘉宾的评论和分析做出理性的判断。而在话题类访谈节目中，主持人是“主人”，嘉宾和现场观众都是请来的“客人”。在节目的进程中，主持人更是要担当起组织者的角色，发挥协调、调度、控制的功能，努力保证节目有序并精彩地进行。在人物类访谈节目中，主持人与访谈人物之间有时像是朋友，主持人以关切的态度倾听他（她）的心声，并探询其内心世界，有时主持人又像是访谈人物的对手、揭秘者，既代表个人，更代表媒体，和受众通过不断的探询，甚至是深刻的质询，层层展示出他（她）的人生经历和内心世界。

正是由于主持人的角色和功能不同，不同类型访谈节目对主持人的能力和素养的要求是不同的。事件类访谈节目的主持人主要有深厚的新闻背景知识，熟悉新闻事件的横向和纵向脉络；话题类访谈节目的主持人主要应具有出色的表达能力、敏捷的应变能力和优秀的组织能力；人物类访谈节目的主持人则要具有有效沟通的能力。主持人要善于营造深入交流的氛围，消除访谈对象的心理隔阂，既要善于倾听，又要适时探询，从而充分地展示访谈对象丰富的内心情感和精神世界。

二、节目的表现形态

构成访谈节目的核心要素有三个：事件、话题和人物（主持人、嘉宾），主持人与嘉宾的活动围绕新闻事件或话题而展开，根据节目类型不同，侧重也不同。从央视节目来看，《新闻会客厅》《今日关注》《环球视线》属于事件类访谈节目，《新闻调查》偶尔也会采取主持人或记者访谈式调查的形态。《实话实说》《对话》《今日观察》《央视论坛》《夜线》是话题类访谈节目，《半边天——张越访谈》《面对面》《艺术人生》是人物类访谈节目。从其他媒体的节目看，凤凰台《新闻今日谈》是事件类访谈节目，《一虎一席谈》是话题类访谈节目，而地方台的《鲁豫有约》《超级访问》《天下女人》等是人物类访谈节目。从它们各自的特点看，事件类访谈节目着眼于新闻事件进行选材，对重大新闻事件的来龙去脉和新闻背景做深度梳理，并加以形势发展的走向分析以及结合嘉宾内在储备的观点表达与评论。话题类访谈节目没有明显的主人公，而是多个嘉宾包括观众在节目中通过意见的交流、观点的表达，形成碰撞、共振和思辨，节目突显主题性、引导性和思辨性。人物类访谈节目或是新闻事件中的人物，或是在不同领域具备知名度或者具备新闻性的主题人物，从而展现每一个人物的现实经历、心路历程和精神世界。

三、主持人与嘉宾的关系

在事件类访谈节目中，主持人和嘉宾有时是对立的，围绕事件进行观点的质疑和对抗，有时是合作的，共谋解开事件的迷局，引出嘉宾作为非新闻事件当事人的第三方评论。

在话题类访谈节目中，主持人与嘉宾的关系是中立的，而持不同观点的嘉宾之间的关系是对立的，“主持中立、观点对立”成为话题类访谈节目中的关系图解。观点的对立和交锋成为话题类节目的一个看点。主持人一般不倾向任何一方，他掌控着节目的进程，让观点充分展示，由观众自己判断。

在人物类访谈节目中，主持人与嘉宾之间呈现出一种哲学意义上的对立关系，访谈节目中的人物具有强烈的神秘色彩，主持人的工作就是要层层剥笋般地剥下嘉宾身上的“神秘外衣”，将其鲜为人知的经历和内心世界展现出来。

四、话语的场

相对来说，话题类访谈节目的开放性体现在现场，这不仅表现在大多数节目中邀请两名或两名以上的嘉宾，有现场观众的参与，甚至通过电话和网络把现场内外连接起来，又表现在参与节目的观众以积极、主动的姿态去思考问题、提出问题、表达意见，甚至形成不同观点的激烈碰撞，形成“思辨式的话语场”。

人物类访谈节目的现场氛围是封闭式的，大多只邀请一位人物，没有现场观众的参与，形成了“一对一专访”的模式。即使有些访谈节目有现场观众的参与，他们主要是静静地倾听，与人物的思绪起伏共振、共鸣，比如《艺术人生》《超级访问》，即使偶尔有观众发言，或是表示关切，或是以熟人的身份提供一些鲜为人知的经历和细节，而没有观点的对立甚至对抗，形成“倾听式的话语场”。

事件类访谈节目的场是隐性的开放，体现在场外的信息。因为嘉宾虽然在封闭的演播室内，但是新闻现场的记者报道和前方通讯社的消息源的引入，使得演播室这个封闭的场所从屏幕体现的是开放的场，始终有新闻事件的现场画面和信息，形成“评论式的话语场。”

五、节目推进的目的

相比较而言，事件类访谈节目往往与事件同步进行分析评论，节目推进的目的主要是通过对新闻事件本身的解读，帮助受众更好地了解事件背后的深度背景以及来龙去脉，澄清新闻事件当中的难解之谜，对事件走向发表评论和分析预测，并帮助受众分析事件本身与受众的切身关系以及应对之道。比如中央电视台《今日关注》对“朝鲜用银河三号火箭发射光明星三号卫星”事件的分析评论，就是通过这一事件的深度评说，帮助观众了解诸如“朝鲜发射的到底是卫星还是导弹？”“日本会对朝鲜的卫星进行拦截吗？”“美日韩借朝鲜卫星高调部署反导网是否针对中国？”“中国应该如何应对？”“这对中国有何影响？”等等一系列的信息，由于涉及中国外交、军事等问题，自然和每个中国人切身相关，也容易引起观众的兴趣。

话题类访谈节目推进的目的主要是通过对焦点和热点话题的探讨，引发观众对某问题的深度思考，或者寻求对这一问题的可行性解决之道，或者形成话题热点，引发公众热议，从而形成舆论力量，引发全社会对这一问题的系统性反思。比如从《实话实说》当年的小话题“夫妻需不需要一米线”到如今《一虎一席谈》的“活熊取胆应不应该停止”都是通过对一个话题的讨论甚至是辩论为大家呈现不同的观点和思考，从而引发看待问题的多元化角度。还有一些情感类的话题，则是通过对情感、伦理、道德话题的讨论和相关现象的展示，引发人们对这些问题的思考。

人物类访谈节目，非常明显的，推进的目的第一是通过故事展现人物的经历和个性，满足人们的好奇心；第二是进入人物内心世界，剖析人物内在心理的成因和人格形成的复杂性；第三是探寻人物的内心世界与外部世界的联系，寻找人物与时代发展的脉动和人物命运与时代背景的合拍或错位、引领或失落，从而引发观众对人生况味的多层共鸣，激发观众内心世界的回响。

第二章
人物类访谈节目主持

人物类访谈节目所选的主体人物本身就具有一定看点，他们要么是公众眼中耀眼的明星，要么是自身有着特殊故事，要么是历史中不可抹去的一笔，要么是新闻事件的当事人，要么是有人文特性的普通人。总之，他们本身就对观众有着较强的吸引力，而且节目本身也有着极强的人物塑造的意味。应该说，国内的电视媒体有不少人物类栏目，其中人物涉及各行各业、各个阶层、各个领域，比如一些主要的人物类访谈节目（见表 2－1）

表 2－1　国内电视媒体部分人物类访谈节目

编号	节目名称	人物选择	谈话形式	节目样态
1	央视新闻频道《面对面》	偏重国内新闻人物，不一定是显著人物	单对单访谈	演播室外
2	央视新闻频道《新闻会客厅》（已停播）	新闻当事人	单对单或单对多访谈	演播室内
3	央视新闻频道《高端访问》	偏重于政治人物和国际知名人士	单对单访谈	演播室外
4	央视科教频道《半边天——张越访谈》（已停播）	各方面平凡但有人文特性的人物	单对单访谈	多为演播室外

续表

编号	栏目	人物选择	谈话形式	节目样态
5	央视财经频道《对话》	财经界高端人物	单对单或单对多访谈	演播室内带观众
6	凤凰卫视《鲁豫有约》	偏重于表现具有新闻性趣味性的社会人物	单对单或单对多访谈	演播室内带观众
7	凤凰卫视《名人面对面》	有社会影响力的人物	一般为单对单访谈	演播室外
8	上海电视台《可凡倾听》	有社会影响力的人物	一般为单对单访谈	演播室外
9	央视综艺频道《艺术人生》	文化艺术界影响力人物	多为单对单访谈	演播室内带观众
10	阳光卫视《杨澜访谈录》	国内外知名人士	单对单访谈	演播室外

从这些节目中，我们可以看到，这些主人公自身的魅力和经历非常生动地呈现在节目中，通过人物的谈话来引起观众的共鸣。就近年来比较成功的人物类访谈节目《艺术人生》《鲁豫有约》来说，节目本身的卖点不是明星有多耀眼，而是访谈嘉宾的真情流露，使电视机前观众产生强烈的情感共鸣。主持人和嘉宾的一席倾谈，让平时光彩照人的明星还原到最朴实、最本真的状态，触动观众心底最柔软的地方，使“真、善、美”得以很好地呈现。

第一节　人物类访谈的类型

从不同的人物访谈节目可以看到，电视人物访谈之所以可以从多角度找到“看点”，是因为它与人们的生活经历息息相关，极容易让人产生共鸣，让人置身其中。为什么一些优秀的电视人物访谈节目成为历久不衰的名牌节目呢？因为这类节目的多视角“看点”效应。有时，观众可以把它作为一个财经节目来看，因为各类仁人志士商海沉浮的经历能够开启受众的经济智慧。也可以把它当作一个社会生活节目来看，因为节目所表现的内容触及社会生活的许多侧面。甚至可以把它看作一个休闲类节目，因为其中讲述的一个个故事，表现的一幕幕人生的跌宕起伏，其情节之曲折，其感情之炽热，也许不亚于一部电视剧。根据访谈对象的不同、话语场的不同和访谈目的的不同又可以把人物类访谈分为影响力人物访谈、新闻当事人访谈和谈话秀。

一、影响力人物访谈节目

每个人都渴望成功，渴望成功的人都想了解成功的人为什么能成功，是怎样成功的。因此，人物类访谈节目从各个角度探讨人物的成功要诀和制胜之道，激励那些正立志于创业的人，为他们提供可资借鉴的经验，这便是人物类访谈节目最大的看点。代表性的节目有水均益主持的《高端访问》、吴小莉主持的《问答神州》、许戈辉主持的《名人面对面》、曹可凡主持的《可凡倾听》、朱军主持的《艺术人生》、袁鸣主持的《波士堂》、杨澜主持的《杨澜访谈录》等。

比如，《高端访问》是央视最有影响的以专访外国元首、政府首脑和各界知名人士为主的人物访谈节目。它的创立为中国电视观众深入了解国际风云人物提供了一个窗口，也为国际风云人物走进中国的千家万户提供了一个平台。《高端访问》中所出现的人物的高端性、权威性和唯一性打造了这个栏目独特的高品质，它吸引的收视群体是一大批文化水平高、素质高的观众，如知识分子、专家、学者和国际时事的爱好者。2004 年，主持人水均益访问了美国前国务卿基辛格博士：

主持人：现在让我们讨论一个过去两三年人们一直在讨论的话题："9·11"。您认为"9·11"是不可避免的吗？

基辛格：如果你在 2001 年的 9 月 10 日问我这个问题，我不会说这是不可避免的，因为我没有想到会有如此大规模的袭击。现在你问我一个我已经知道的问题，我认为这确实是必然的。现在回头看这个问题，我很难理解为什么之前发生的那么多事情，像对美国使馆的袭击，对沙特美国民居的袭击，对美国战舰的袭击，为什么我们就不会想到会有人来袭击美国本土呢？所以说这些穆斯林极端分子的行动是非常有连续性的。

主持人："9·11"对您来说意味着什么，或者说您怎么理解"9·11"的影响？

基辛格：对于普通美国民众来说，这是一次不知道敌人是谁的袭击，所以人们感到很吃惊。对我来说，这标志着国际事务进入了一个新阶段。之所以说这是个新阶段，是因为个体组织现在获得了拥有武器或者说其他破坏方式的途径，获得了最新的通讯方式，这些都让他们能做到以前国家才能做到的事情。这就给国际关系增添了新的内涵。在此之前，几乎所有的外交政策都是处理国家与国家之间的事务。现在的情况是个体组织针对某个国家的领土进行袭击，但是却不一定对这个国家的政策进行攻击。这是国际关系中一个非常重要的因素。

主持人：您当时被布什总统任命为“9·11”特别调查委员会主席，但是后来您辞去了这个职务。为什么？

基辛格：我辞职是因为这个委员会的工作时间是15个月，很多以前政策的反对者，包括《纽约时报》都用一种非常激烈的方式来打扰我的工作，我想跟他们争辩就要花费几个月的时间。为了息事宁人，我选择了辞职。

主持人：这是唯一的原因？

基辛格：唯一的原因。

主持人：说到“9·11”的调查，最后的调查结果也快出来了。您认为美国政府在政策制定上和预防类似“9·11”事件方面犯了什么样的错误？

基辛格：我认为，首先，美国政府是犯了很多的错误。最初的错误始于90年代初期，当时是第一任布什政府的错误，然后延续到后来的克林顿政府，就是把恐怖主义看成是一种犯罪行为而不是一种政治行为。所以他们总是把目光放在是谁干了这些事，而不是谁策划了这些事，更不要说这些人准备攻击哪国的领土了。第二个问题是当新的一届美国政府上台的时候，有那么几个月的空档期，因为新一届政府需要继续执行上一届政府的政策。差不多有4000个政府各层的职位因为换届而发生调整，所有这些4000人都要经过政治和经济上的调查。所以当新政府在1月20日上台，所有人员到位的时候可能已经是9月了，很大程度上是原来的一些人在工作，所以新的政策并不能马上得到执行。所以说当时布什政府还在大部分沿用克林顿政府的政策，我认为这就是深层的原因。

主持人：很多分析家认为“9·11”在很大程度上从根本上改变了美国，改变了世界。一些人认为，“9·11”在一定程度上为美国在全球输出它的价值观和政策提供了一个很好的机会。您怎样评价这种观点？

基辛格：如果说一些美国人很感激有这个机会来输出美国的价值观的话，这种说法是不准确的。我认为真实的情况应该是恐怖主义迫使我们去思考全球可能会出现哪些危险。美国其实不想征服全世界。在美国人里，可能会有一些人叫嚷着征服全球，但是这样的征服代价是极为高昂的，也是非常痛苦的。美国人民是不想征服全球的。为了对抗恐怖主义必须要采取一些非常手段，因为恐怖分子分布在世界的各个地方，而且他们不是国家，所以这是我们遇到的一个新问题。美国的有识之士知道，如果你要征服全世界，你首先必须把自己变成一个帝国，而每个帝国迟早都会从内部瓦解，所以这种征服论调并没有在美国流行。

通过对“9·11”问题的提问和回答，既体现了主持人对这一问题的关注和了解，也通过基辛格博士的回答反映了一位资深政治家对这一事件背后的美国政治和国际问题的价值判断，让我们多了一个思考的角度。从中可以看到，影响力人物访谈主要有以下特点：

（一）话题突出时代性

新闻人物和时代精神相结合会更有意义。时代精神是一个时代的精神实质，是一种超脱个人的共同的集体意识。体现着时代精神的人物主宰着生活在那个时代的人们的视野，当他们完成了自己的使命，新的人物再用新的更合乎时代精神的武器占领他们的宝座。所以影响力人物的访谈，影响力人物的表达，影响力人物的精神气质应该能够折射出社会精神生活各个领域的历史时代的客观本质及其发展趋势。比如中央电视台《大家》栏目就是其中的典型代表，通过采访考古学家徐秉琨、临床肿瘤学家孙燕、物理学家闵乃本、加速器物理及技术专家谢家麟等大家，引出他们对于人生、对于事业等的看法，表现他们身上所体现出的热爱生活、热爱事业的那一份执着，体现时代精神，也表现一个时代的人们在文明创建过程中的精神风貌和优良品格。这是激励一个民族奋发图强、振兴祖国的强大精神动力，构成同时代精神文明建设的重要内容。根据一个国家、一个民族时代精神的内涵以及它在经济、政治、文化等建设活动中发挥作用的大小，可以透视其国民的理性程度与成熟水平，因而成为衡量其文明进步的重要标准。

（二）人物注重人文性

人物类访谈节目的主体是人物，而不是事件，因此要强化它的感情力量，它不是在客观地报道新闻，它的主观意念很强。而去掉光环后的新闻人物，还原为一个真实的人，会表现出一种真善美的人性光芒和人文关怀背后人类的理性和良知。作为一个本身有影响力的人物节目，在人物的选择上，切忌为了追求娱乐性和高收视率而造成嘉宾选择的窄化，比如人物定位过于简单化、脸谱化。举个例子，由于大多数影响力人物访谈节目嘉宾涉及影视娱乐界、商界和政界的成功人士，民间称为“三大”：大腕、大款、大官。如果人物定位真的只看到“三大”，而不能着眼于那些负载中华文化传播价值的人物，就会流于简单娱乐，丧失影响力人物节目的文化传播的价值。如果想要从人物访谈中传递文化和思想，并在情感和认知中求得认同，就要注重人性化与艺术性的传播。人物传播不是琐碎的材料、数字、符号的随意组合，如果选择不当，人物传播的内容就成了一堆没有骨头的肉，有人的影子，但没有人的形象，有人的骨架，但没有人的灵魂。要解决这个问题，要创新传播模式，注意传播材料和角度的选择，细节和非语言符号的运用，还要突出人物传播语言的个性化、人性化、生活化、平民化，增强人物的亲和力和独特性，增强人物传播的感召力、感染力。要从被访人物赖以生存的环境来观察他，研究他怎样与众不同。要对他有足够的了解，节目最终要提供一种思想、一个判断。此外，还要善于从被采访对象身上发现别人不知道的东西，发现同行所未曾报道过的东西，提供观众所不知道的东西和所期待的东西。从被访对象的讲述中，发现一些未曾被报道过，或者别人未曾太注意的东西。这样的东西就可以说是我们独到的人文发现，或者说是独到的判断。一个人物访谈节目有了自己的判断，而不是一般的评价，就一定能感动人。

二、新闻当事人访谈节目

这一类人物访谈，虽然也是把嘉宾当成节目的主人公，但对话紧紧围绕新闻事件，通过新闻事件折射新闻当事人在事件中的角色，展现人物在事件中的命运走向。所有新闻当中，“人”是最重要也是最根本的因素，任何新闻归根到底都和人有关，关注新闻事件中人物的内心、经历、感受和命运，应该是新闻当事人访谈节目的内在追求。应该做到两个方面：(1)客观性，通过对新闻知识性、故事性的展示，让观众得到更多的、更进一步的信息，不提供结论。(2)平民化，通过谈话场营造一种讲述气氛，拉近硬新闻与普通人的距离，增强可视性和传播的有效性。它的风格应该是亲切的、平和的，关注当日或近期国内发生的重大新闻事件中的人，强调开掘新闻事件中当事人和关联人的亲历、亲为和亲感，突出新闻中人性和新闻性的结合。中央电视台停播的《新闻会客厅》是中央电视台新闻频道一档大型新闻访谈节目。节目内容定位是：关注国内外重大新闻事件。节目形式定位是:“会见新闻当事人”,尤其是受关注度很高的新闻事件中的当事人。节目表现手法是通过“会见新闻当事人”来展示重大新闻事件中相关人物的内心感受与所见所闻。“会见”的方式、方法不拘一格,场外连线与各种道具均可灵活运用。

比如《新闻会客厅》2005 年采访从事矿山抢险工作将近 20 年,参加过近两百次的矿山抢险工作的山西大同煤矿集团公司的救护大队中队长李廷军,就是典型的对新闻当事人的访谈。

主持人:这个 600 米你们爬了多长时间?

李廷军:哎呀,爬了 40 多分钟,

主持人:算是死里逃生。

李廷军:死里逃生,那个心情,不管怎么说,说咱们回吧。这个事情好在有惊无险,回来洗个澡,到了澡堂我就洗澡,洗澡这个煤面冲得脸刺得,拿那个毛巾带肥皂还有洗衣膏蹭,蹭得这儿都蹭红了也蹭不下黑的。眼窝就像两个黑眼窝。

主持人:就是因为冲击波太大了,烟尘全部刺进去了。

李廷军:皮都搓得红了,不敢搓了,搓得疼,不搓发黑,搓又疼,说黑去黑了吧,逃了命了,慢慢就掉了。

解　说:天快黑的时候,李廷军回到了家。那一天是正月初六,串门的亲戚挤满了李廷军的家,老母亲、哥哥、姐姐、侄子、外甥,这边是做饭的,那边是说笑的,孩子们更不用说了。用李廷军的话说,是那叫一个红火。

李廷军:我心里头就矛盾,说又不能说,就是顺便我见了家人,我哥说你怎么脸这么黑呢,一看我就不好看,我就往里头走,我还冒充没事儿,然后我姐就看见了,老四,你这咋了,成这样了,我当时就,我心里头确实控制不住那种感

情。我说我担心命都没有了，当时我控制不住，我一下就哭了。我妈就骂我哥，说你看看让你，你看看让你，把四儿的命都卖了，这个事情就不说它了。

主持人：为什么不愿意跟他们说呢？为什么不告诉他们我在井下遇到什么？

李廷军：当时家里请人，我害怕扫了他们的兴。

主持人：实际上每次下去救险都有可能出现问题……

李廷军：救护队本身就得三分险在那儿，本身就得三分险，只要一下井抢险的时候肯定得危险。

同样一位新闻当事人，可以从不同的角度入手进行访谈。同样的一位嘉宾，出现在不同形态的访谈节目中，承担的任务不同，完成的使命不同，甚至呈现出的话语样态也不同。比如"非典"事件中，主持人王志在《面对面》节目中对临危受命的北京市市长王岐山的采访就是对新闻当事人的采访：

主持人：我们眼里看到一个很镇定的市长、一个很坚定的市长。但是另一方面我们看到北京感染的人数在不断地上升。

王岐山：这个传染病它有一个规律吧，我觉得这个事情，我刚才说了，谁去预测这个数字？在当前这个条件下，谁都近乎于是一种赌博，是危险的。但是说实在的我们也在分析，并不是完全没底数的。

主持人：什么底数？

王岐山：就是说增长总有一个头，增长到一定程度的时候，它要逐渐回落的。我相信我们这些措施，这些人为的工作都不是白费的。

主持人：预期是多少？

王岐山：我现在不想做这种赌博式的预期回答，不想回答。因为什么？确实我不想预期，现在起码向市民做这种预期，是要严肃而负责任的。我没有相当把握的时候，我不会讲这种话。

主持人：你上任的时候，我看了这个数字是当时是 300 不到 400。

王岐山：对！

主持人：昨天的数字是 2705。

王岐山：对！

主持人：那跟你的严厉措施这是成反比的，说明什么问题？

王岐山：传染病有潜伏期，传染源是在我的措施中逐渐地被切断，隔离是一步一步地在被隔离，社区的卫生状况包括社区整个组织、有防的组织是刚刚建立起来，所以在这个问题上应该非常清醒地认识到：现在的措施，要对今后的十天起作用，不能对当天。如果说现在我们有一种措施，能够今天布置下去，当天就解决了，我们面临的就不是一场严峻的斗争。

主持人：那我能不能这样预期十天之后一定降下去？

王岐山：我相信十天之后，起码我们可以讨论这个问题。

这种访谈，也属于人物类访谈，但是应该纳入到人物类的新闻当事人一类，它与影响力人物访谈的区别就是，影响力人物访谈是关注人物本身的成长历程，而新闻当事人却是关注人物在新闻事件中的所作所为，当然也会触及一些他个人的新闻事件之外的历程，但却不是节目的主体。同样是王岐山，如果出现在《东方之子》节目中，那么访谈的方式、话题的展开、节目的要旨恐怕会有很大区别，所以人物类访谈的不同样态，虽然人物会有重合，但是由于访谈语境不同，就属于不同的人物类访谈样态，所呈现出的区别性特征也是明显的。新闻当事人的访谈所呈现出的特点是：

(一)选题凸显新闻性

选题的把握上要突出新闻性，选择新闻当事人，不论他是影响力人物，还是默默无闻的普通大众，都要紧紧地贴近最近发生在他身上的新闻事件，或者和他有关的新闻话题，这样既可以增强公众的关注度，又可以满足观众对其内心世界的心理期待。

(二)内容突出故事性

故事是电视节目中最重要的东西，有新闻事件发生，就有背后围绕事件中的人所发生的不为人知的故事。美国CBS《60分钟》制片人唐·休伊特说过，办一档好的电视节目只有四个字："讲个故事"。新闻当事人的选择和出场必须有故事基础，有悬念，有情节，有冲突，这样才可以形成此类谈话节目暗藏的张力。每个新闻当事人背后都有和新闻事件同步发生的鲜为人知而深具传播价值的故事，而故事永远是吸引观众的利器。因此，新闻当事人访谈节目重点探询的内容应该是故事和细节。应该以事件的关系为主体，捕捉、挖掘到引人入胜的故事，探询主人公在事件中的行为、心态的变化和发展的过程，探究人性的深层次因素。新闻当事人访谈节目展示的是每一个关键决策的思想脉络，这些都可以作为故事的冲突与起伏抓住观众。应该不断以冲突紧扣人物的命运和事件的本质，自然地挖掘出矛盾起伏所在，带领观众认识一个立体而真实的"事件亲历者"。

三、谈话秀节目

由于电视媒体有越来越多的艺术手段(如大屏幕、特技画面、小乐队伴随、歌舞游戏表演穿插等），所以不少从业者总是不甘心使访谈节目保持朴素的状态，许多访谈节目以谈话秀的方式出现，虽然话语和情感本身的力量弱化了，但是增加了表演性、娱乐性和趣味性，迎合了当今观众的普遍收视心态。谈话秀这个词是来源于英文的 talk show，它的含义就是谈话秀，也翻译做脱口秀。脱口秀是形容人的口才很好，说出的话非常有吸引力，而且谈吐不俗，博得众人的喝彩。在西方，脱口秀可以是一个电视栏目，也可以是一种主持风格，含义比较广泛，我国的相声艺术就被西方国家认为是脱口秀。但是在西方具体的节目中，脱口秀也并不只是指单个人的口才展示和表演，也包括了访谈的形式，比如《奥普拉秀》（*Oprah Winfrey Show*）、《罗茜·欧丹尼秀》（*Rosie O'Donnell Show*）和《杰瑞·斯普英哥秀》（*Jerry Springer Show*）等众多节目。在《简明广播电视词典》中，脱口秀被定义为“通过讨论，对新闻或社会问题进行评论、表达观点的一种形式”。这个定义现在看来不够全面，讨论，是和谁讨论？是单人的表达，还是群言式讨论？如果是单个人的脱口秀表演则不存在讨论。国外的脱口秀节目既包括个人脱口秀，也包括多人谈话秀，都用一个词“Talk Show”来容纳，群言式的脱口秀以交谈作为节目的内容与形式，而交谈是人与人之间交流的最基本、最常见也最直接的手段。而单人脱口秀节目则有点像是中国的“单口相声”，但是在媒体语境中，又不完全相同，西方的脱口秀主持人经常游走于单口相声和谈话式主持人两种角色，比如深夜脱口秀节目《今夜秀》（*The Tonight Show*）和《大卫深夜秀》（*The Late Show with David Letterman*）等已经播出了几十年，以名人访谈和幽默小品为主要内容。

中国目前一些媒体也在做个人脱口秀节目的尝试，典型代表就是《壹周立波秀》，有开场舞的共舞亮相，还有海派清口特征的脱口秀，也会有采访，比如 2009 年 1 月 7 日，准爸爸姚明做客《壹周立波秀》，这是姚明在受伤之后第一次脱离双拐出现在上海的电视节目中。

主持人：2009年你有什么收获？

姚　明：2009年是一个先甜后苦的年份，球队能够突破季后赛首轮非常值得高兴，可惜的是自己在比赛中受伤，一直没有能够同队友们参加本赛季的比赛。

主持人：你会不会参加伦敦奥运会呢？你对你在火箭队的未来有什么想法？

姚　明：现在考虑这些问题还为时尚早，不过参加奥运会是我的梦想，不管是在哪里，我想我都会参加的。对于在火箭队的未来，能否同詹姆斯联手现在还不宜透露。

主持人：在你接手上海东方男篮之后，你和你的好朋友刘炜还有恩师李秋平都进行过沟通，你认为上海队本赛季的表现怎么样，你们的目标是什么？

姚　明：刘炜是我们球队的队长，是上海男篮最依仗的队员。作为朋友，我们一直有很好的沟通。李指导是我的恩师，他为上海篮球事业的发展立下了汗马功劳。重新安排李指导的工作，是我到目前为止做出的最难下的决定。

主持人：你近些年来做了不少生意，你对自己的生意有何评价？

姚　明：我根本不懂这个，做生意我是外行，这些问题一直都是我的管理团在处理。不过，你们要注意的是姚餐厅是我父母的朋友开的，我并没有参与。

这段采访虽然“秀”的成分少了点，比较接近于传统的访谈，但是并不影响周立波在节目中整体表现的幽默的风格。另外，从节目整体来看，由于话语空间的有限，脱口秀也只是停留在笑话重述的程度，还达不到嬉笑怒骂、抨击时事、即兴表达、热点评说的层面。但是这是将来的一个趋势，一个是因为节约成本，另一个是新媒体技术和环境促使此类节目的大行其道，这一点我会在第九章新媒体语境下的访谈节目发展趋势里具体讲到。

首先，明确了什么是谈话秀和脱口秀节目，我们就可以把其中的单人脱口秀的部分暂时放在一边，而主要研究其中涉及访谈的这部分谈话秀。在中国的媒体环境下，也出现了一些这种类型的节目，同时包含了谈话秀和单人脱口秀的成分，但是还是可以把它分开来研究。那么，谈话秀节目又有什么样的特点呢，我认为有两个主要的方面：

（一）节目具有表演性

谈话秀节目，要素应该有主持人、嘉宾和谈话的“秀”，既然是谈话的秀，就不可避免地带有娱乐的成分，它和比较正式的访谈就不太一样，典型的特征就是主持人和嘉宾都在谈话中承担重要的角色，主持人不仅仅是提问，嘉宾也不仅仅是回答提问，还有即兴的表达和表演，甚至是共同参与表演。带不带现场观众并不是衡量的主要因素。它也呈现出两点：

1. 多层面的谈话结构

谈话本身是多层面的，可能是嘉宾的话语秀，也可能是主持人的话语秀，或者是观众的话语秀，有时是主持人与一个和多个访谈对象的互动谈话，有时是观众与嘉宾的互动谈话，有时是主持人与观众的互动谈话，有时是与场外嘉宾的互动谈话，总而言之，谈话本身就是“秀”的主要部分。比如中央电视台 2003 年 7 月 5 日推出的《小崔说事》节目，访谈嘉宾既有政府官员、文体名人，也有普通百姓、企业家和外国友人。现场观众充分互动，参与提问和讨论，在生动活泼的气氛中分享不同的人生体验、互相交流碰撞，从而得到不同的感悟。《小崔说事》整个节目表现为多主题或泛主题组合式谈话，用丰富多样的表演、展示、短片等将各个谈话板块进行分段，整体风格轻松、随意、信手拈来，含蓄、幽默、意味深远，成为新闻频道中一道独特的风景。而且崔永元本身的话语也是“秀”的一部分。再比如江苏卫视的《非诚勿扰》，这个节目的一个特殊的角色就是乐嘉，由于乐嘉的适时点评和话题互动，使得节目呈现更加多元的话语场，而且乐嘉也有不少妙语让人印象深刻，比如“一个女人的品位在于她身边站着一个怎样品位的男人。女人一生最成功的事情之一，便是选了一个对的男人”；“一个男人爱你的时候，你往往会感动于细节，同样，一个男人不爱你了，你也可以从细节中来发现”。由于这些评论，乐嘉其实既扮演了访谈嘉宾的角色，又扮演了主持人的角色，他的话语本身就充满了“秀”的特征。

2. 与访谈嘉宾的表演式互动

有些节目的主持人不止一个，可能是一个主持团队，像《天天向上》汪涵、欧弟等组成的主持团队。《天天向上》在节目形态上有所创新，增加了表演成分，甚至主持人和访谈嘉宾都承担了很多表演性的任务。虽然是以娱乐脱口秀为主导形态，但是融合了众多节目的表现元素，在形态设计上不拘一格：节目的开场如同大型晚会的开场歌舞，主持人与嘉宾载歌载舞，在全场观众的欢呼与尖叫声中出场，整体上营造出一种热闹、欢乐的氛围；节目进行过程中除了访谈之外，也会穿插着进行歌唱、舞蹈、情境表演、与场内观众互动等，着力彰显秀的特点；而体验化传播又在“沙画高手”“汉唐乐府”等部分单元中成为主要的表现形式，主持人或亲自上阵，动手体验沙画的魅力并进行比拼，或穿上汉代的服饰，在虚拟的时空环境中体验着歌舞风华。总之，在一种节目形态中，融合了多种节目的类型与元素，集多种特点于一身。

3. 谈话秀结合真人秀

我国一些新出现的谈话秀节目还兼具真人秀节目的特征。它不完全等同于真人秀节目，是谈话秀和真人秀的结合。国外真人秀节目非常活跃，但是由于种种原因，很多真人秀节目在中国的媒体语境下无法实践，比如《荒岛求生》《谁将成为百万富翁》《谁能嫁给百万富翁》等。于是在中国就出现了嫁接谈话节目和真人秀节目元素的“谈话秀节目”，它和《超级女声》《中国达人秀》等真人选秀节目不同，而是以谈话和对话作为节目的主体，并且在主持人的调控当中进行，比如江苏卫视的《非诚勿扰》、湖南卫视的《天天向上》等节目，之所以称作"谈话秀节目"，就是因为，这种类型当中既包含了谈话的特征，即主持人的访和谈，又包含了秀的内容，秀其实就是表演和展示，包括真人形态和情感的展示或真实语言和行为的展示，可以称作具有真人秀特征的谈话秀。

各家电视台都把真实作为一个卖点，很多观众也热衷于看真实。电视上的纪实性节目，无非是过去一度很红的纪实文学的一种横向的、视觉化的移植。有两类观众，一类喜欢那种"源于生活高于生活"的东西，一类则追捧"源于生活等于生活"的东西。前者注重艺术性，后者注重真实性。有时真实性的东西通过电视手段表现出来，是非常容易触及人物的内心的，由于真实，所以贴近观众。比如主持人崔永元在《小崔说事》节目中采访"中国赌王"马洪刚。

主持人：就是在洗牌的时候做了手脚，可以保证让任何一个人赢，还有什么？

马洪刚：洗牌、发牌、控牌。

主持人：发牌可能大家刚才见过了，演示一下这控牌是什么样？

马洪刚：控牌就是随便找三颗牌吧，三条A，黑桃红桃你看好了这三张牌。第一张是红桃，方片，这是草花，三张牌。这就是控牌，你看，你的一条A，这一条A，对吧？

主持人：对。

马洪刚：你看打开牌，A没有了，三条A都上我这来了，这就是控牌。

主持人：其实这就是赌博和魔术的不同，如果我们告诉大家我们今天表演的是魔术，现场的这个掌声会比这个热烈十倍，但因为是赌博，大家看到三个A就知道这里面可能有三个人倾家荡产了，就不高兴，控牌。就是说可以控制这三张牌永远到自己手里？

马洪刚：对对对。

主持人：还有呢？

马洪刚：还有偷牌。随便拿三颗牌都可以，你看这是什么牌，这是两个A一个7，当这个牌拿来的时候，我这么一拿牌的时候这牌就换掉了，就是换牌，偷换牌，这个7就变成三条A。

主持人：大家特感兴趣？我觉得高兴之余还得想想这个事让多少人倾家荡产，是不是所有的赌场里都有出老千的？

马洪刚作为一个曾经的所谓"赌王"，在节目中真实地展现自身的经历并大秀牌技，不仅刺激了观众的外在感受，也刺激了观众的内心体验，通过真人的展示和现身说法，让观众在一睹秘密的所谓赌博技巧的同时，既满足了好奇心，又对人生多了些许感悟。

再比如《非诚勿扰》，从广义角度看，也属于访谈节目融合真人秀节目的类型，通过主持人孟非、男嘉宾与24位参加相亲秀的女嘉宾进行的多层次的对话秀，展示这些女性的外貌、情感、道德感、择偶观，通过访谈对人物所做的真人化的表演和展示是另辟蹊径的真人秀，是谈话秀融合真人秀的双重秀，赢得观众的青睐。

第二节　人物访谈节目的价值要素

一、情感共通

进入内心世界，通过故事和经历挖掘人物内在情感和心路历程，感受人生况味。比如《半边天——张越访谈》,在张越的节目中,没有名人,没有权威,谈话者只是一些普通人,他或她不会告诉你生活的路该怎么走,只是用朴素的语言谈着平凡而独特的人生经历、情感体验,可能在不经意之处已打动你,引起强烈的感情共鸣,让你为之潸然泪下。另外,谈话者是很看重这次聊天的,因为,他们很少有机会上电视。就这一次,可能成为他一生中最难忘的时刻。张越在央视网在线访谈时说:"我们做节目的时候,最提心吊胆的一件事,我们特怕在大家互相的心理暗示之下,人为地在我们的生活中制造戏剧化,人为地煽情。基本上我们是这么处理的:第一,我们确定这个内容是真实的,可以去采访,在采访现场,我作为主持人,尽可能给对方一个轻松的家常的心态,而不去激发她的戏剧性的情绪,假如对方的情绪非常激烈,例如哭得很厉害,我们会先停下来,到她情绪平复一点再继续谈;假如主持人自己也很激动,也哭了,那么在后期编辑的时候,一定会把主持人的眼泪删掉。"

当然,主持人未必不能哭,关键还是要看什么样的节目定位,什么样的场景,只要是恰切的、有分寸的、真实的情感表露,观众都能够包容,比如,2008年"5·12"四川汶川大地震,中央电视台记者李小萌在北川县采访时的一段画面和对话,深深打动了观众。

(画面:在通往北川县城的路上,到处都是匆匆下撤的灾民。此时的北川县城已经成了一座孤城,不仅危机四伏,而且上游的堰塞湖随时都会垮塌,塌方、瘟疫和泥石流威胁着县城。在路上,李小萌碰到了一位逆流而上的老人。老人身材瘦小,用一根木条权当扁担,挑着两个油漆桶,正艰难地朝县城方向走去。挑担里是一些干粮和水,是这位68岁的老人的全部家当。老人告诉李小萌,他是从绵阳救助中心出来的,他身上还带着一张救助证)

李小萌:大爷,为什么还要回去?

大　爷:我想回家看啥子。

(这时候,公路上又来了一批下撤的村民,他们与老大爷相识,纷纷上来与老大爷打招呼)

村　民:前面的路很危险,山上一直在垮石头。

大　爷:回家看一下,看能不能挖到一些油菜籽和腊肉。

李小萌(不停地请旁边的老乡劝说老大爷,她自己一个劲地在旁边劝说):别回去了,太危险了。

(但是老人看起来很固执,坚持要回去)

李小萌:大爷!有没有什么要帮忙的?

(见老大爷没有戴口罩,李小萌叮嘱他戴上。老大爷返身走到公路那一侧去挑起自己担子的时候,李小萌也跟了过去。她在身后帮他把担子扶上了肩。老大爷走了两步,又回过头来,艰难地旋转他那肩上的担子。但他没有吭声,他好像突然想起了什么)

大　爷:让你们操心了!

李小萌:大爷,路上小心,注意安全。

(崎岖的公路上,老人家的身影越来越小,电视镜头久久地对准老大爷的背影。李小萌目送着老大爷,直到几乎看不到老人的身影,此时她抑制不住内心的感伤,在镜头前面痛哭失声……)

那么,这样的一段画面和对话为什么打动人,我的看法是:非常纪实性的一段采访,没有任何感情的渲染,也没有任何造作的情绪,完全是和以往的新闻采访不太一样的一段朴实的纪录,但是它恰恰表现了情感的多义性,产生了一种混合能量,每个人都会从中感受到各自不同的或几种感情掺杂在一起的情感力量。比如,有的人可能从画面看到老大爷离去时挑着担子,身影显得渺小、单薄,想起朱自清的《背影》,想起了自己老父亲的背影;有的人可能想到大自然不可抗衡的灾难面前,每一个普通人的脆弱;有的人可能想到、感受到中国底层百姓的那一份卑微和他面临的路上的危险，以及人生道路充满着的未知和不确定性；有的人从老大爷的话语间，感受到了老人的执着，他对家的那份挂念；有的人可能感受到在大灾面前，陌生人的那一份相互惦念，记者和老大爷之间似乎也有了一种亲情。总而言之，真正打动我们的情感不是被人为拔高的、渲染的、强加的情感，而是质朴的、自然的、自发的情感，只有这样的情感才能够求得共鸣，才能够情感互通，才是流动的和有活力的，才是感染人的和有力量的情感。

二、人文共识

人文共识最重要的是视点的转变——关注人的生存状态，将目光投向日常生活，以个人为镜面映射出社会的机理、自然的纹路，出色地反映人类的特性以及全人类基本相似的概念。主持人张越在谈到创办《张越访谈》的初衷时，曾说："我采访一个深圳广播电台的谈话节目主持人，叫胡晓梅……我做那期节目的时候，我跑到深圳的火车站，看那些人流，在火车站公共厕所里，看厕所墙和门上写的字，我发现我对那每一个写字的人可能更感兴趣，她经历了什么？我当时就觉得我被什么东西打动了。"[①]所以我们在张越的节目中能看到她在践行着她的理念，那就是普通人身上打动人内心的质朴的、原生态的东西：他们的生活、他们的心态、他们的命运、他们的抗争、他们的纠结和他们的错位等等，能够产生平静但催人泪下、舒缓却震撼人心的效果，这是我对她节目的最大的印象和感受，可惜的是这个节目却从荧屏消失了。在《张越访谈》的一期节目《我叫刘小样》中，主持人张越以独有的方式践行她对人文的理解：

主持人：你在信里这样描述，你说你有钱可以盖房，但不可以买

---

① 吴菲：《与张越对话》，http://www.cctv.com

书；可以打牌闲聊，但不可以去逛西安；不可以有交际，不可以太张扬，不可以太个性，不可以太好，不可以太坏。有约定俗成的规矩，你要打破它，你就会觉得无助、无望、孤独；不需要别人阻止你，你会自觉自愿地去遵守这些规矩？

刘小样：我的身体在遵守，我的心却没有遵守。即使我不能出去，我得想好多的事情，我不能做饭的时候我就光想着做饭啊！

主持人：可是你觉得，你这样会痛苦的，你的身体在过着一种日子，你的心里永远在想着另外一种东西，而你想的东西永远不敢跟别人说？

刘小样：这就是我的悲哀。

主持人：这儿的生活你觉得特别平静单调，你向往城市的生活。可是你知道吗？城市的生活压力特别大，节奏特别快？

刘小样：我觉得压力它也是一种快乐，压力就是他的一种追求啊，要不然他就会被淘汰，农村女人没有这个淘汰的压力。

主持人：你尽管向往远处的世界，可是那个世界跟你没关系？

刘小样：就是这样的，现在是看得见、摸不到，离得不远也不近。我觉得人总该有一点向往吧？人向往的时候眼睛会有光泽的。

主持人：这样一直把窗户关着不会痛苦吗？

刘小样：我宁愿痛苦，也不要麻木，我不要我什么都不知道，然后我就这样满足地过一辈子。（哽咽）

刘小样是八百里秦川的一名普通农村妇女，在封闭的小山村里她过着丰衣足食的日子，和丈夫感情很好，并有一儿一女。在乡亲们看来，她拥有一个农村妇女希望拥有的一切，生活幸福无可挑剔。然而，刘小样内心却时刻忍受着煎熬，她不满足于宁静而又单调的生活，想要一个更丰富、更广阔、充满热情与想象的生活。像刘小样一样，在《张越访谈》中，许多嘉宾的最大收获不是物质上的，而是极其珍贵的与外界沟通的渠道。在镜头前，我们看到的不是这些所谓“边缘群体”困窘的生活、辛酸的泪水和愁苦的脸，而更多的是尊严、爱、感动与希望，有了这些，生活本身的艰辛也变得不那么难以承受了。张越关注每个个体生命心理状态的真实改善，与许多访谈节目关注横向的社会热点不同，张越访谈节目关注的是在时代背景下每个普通个体的命运。中国传统文化中对集体和国家利益的强调，使得普通个体的命运在其中不那么重要，他们的情感、思想、困惑、梦想经常被忽视，很少被倾听，还经常被有意无意地淡化和消解，真正关注普通人心灵和情感的谈话节目少之又少。从这点上来说，重视情感抚慰功能的个人化叙述和真诚倾听，是这档节目区别于其他同类节目的文化价值所在。

三、趣味共享

（一）娱乐趣味

观众需要从电视中获得趣味，但是在传统的文艺领域，很长时间以来由于对娱乐表现出来的感性狂欢和体验享受的外在形态有着片面的理解，缺乏对娱乐的全面认知，人们对高扬娱乐精神的文艺缺乏应有的宽容。目前的娱乐语境还受以下几种文化心态的制约：

1. 传统文化中的的道德观念束缚娱乐心态

第一，把娱乐活动和“玩物丧志”联系起来，长期对以“声色”为外在形态的“娱乐”存在偏见与抵触。第二，意识形态领域的一元化意识禁锢娱乐形态。文化的政治性的负载过重，造成对多元开放的文化形态难以包容。第三，西方的反思学派理论消解娱乐文化。后工业革命时代，一些西方的思想家开始对大众文化进行反思，比如法兰克福学派认为娱乐不过是一种使人迷醉的快感，人们沉溺于这种快感中时也在不知不觉地屈从于意识形态的认知暴力。比如马尔库塞在《单向度的人》中，指责艺术的大众化和商业化使之成为压抑性社会的工具，从而导致人和文化的单向度。由于这一理论对大众文化的全方位批判，再加上改革开放后这些理论的流行，使得传播界深受影响，也使得社会进一步误解了娱乐的真实内涵。其实娱乐本无错，关键是什么样的娱乐不会让受众成为简单快感的俘虏。

长期的对“娱乐”的误解使人在文艺领域的自由自主的欲望受到压抑，于是“对肉体快感的由贬低到遗忘，以及由此而来的对生命狂欢的意义的忽视成为了评价艺术的最大遗憾”。① 这在中国电视领域表现得尤为明显。由于传统理论话语的引导，中国电视长期以来有一个不争的事实，那就是对电视的娱乐性缺乏应有的宽容。

所以，访谈节目，尤其是人物访谈，带给受众娱乐趣味性的满足很有必要。这种娱乐的心态表现在以下方面：第一，以松弛的心态化解矛盾。激烈的竞争、不平等的生存状态等，使人们面临着巨大的生存压力和心理失衡，而访谈节目比如影响力人物、新闻当事人的访谈节目带给人们的真相，以及对人们要求公平正义的心理诉求的满足，就像是一个解压阀帮助人们以轻松的心态释放压力。第二，以幽默的心态化解消极。人物性访谈节目传达的娱乐趣味、娱乐心态、积极乐观幽默的人生态度都会使不同层面的观众暂时获得一定程度的精神放松，是内心焦虑的现代人的有效“心理代偿”，有助于人们重新获得对自身价值的肯定，以积极的人生态度投入生活。比如《天天向上》的人物谈话秀，经常充满笑声，也经常通

① 徐岱：《美学新概念》，学林出版社 2001 年版，第 55 页。

过一些职业群体的谈话秀，带给人们丰富而有趣的人生体验。第三，以开放的心态促进个体自主性。访谈节目构造出一个表达群体需要的公共领域，增强受众个体的参与性。当然，在直播访谈的观众参与上，还应该进一步开放心态，容纳多元的观点表达，让观众能通过及时的互动、话题的参与满足娱乐趣味。

2. 审美趣味

作为一个好的人物访谈节目，应该能帮助观众发现和辨别真善美，并在审美情趣上有所追求，尤其是对人物内在美的感受，对语言美的接受，对文化之美的追求，就是一个主持人的文化价值的基础和能力的体现。人物访谈应该帮助受众培养审美感受力，这也是人物访谈的价值追求。审美感受力指的是审美主体对审美对象的感知能力，具体到人物访谈节目中，就是对访谈人物的行为、外表、言语、性格、品味、作品以及人生经历、人生经验的感受、理解和领悟，是对隐含在对话之中的意义与情感的把握。感官触知与内心领悟是不可分离的。

由于审美活动“内在情感的体验、认识和积累往往是通过感官对外部自然形式和艺术形式的把握完成的”。[①] 所以，审美感受就成为整个审美活动的起点，自然，审美情趣就从观众的感受开始。一般地讲，感官的所知所觉是具体的、直接的、内心的领会，理解是间接的、抽象的，具体到不同的审美对象，有时感官把握的成分偏重一些，有时内心的体验、领悟多一些。如对访谈现场的布置、主持人和访谈嘉宾的衣着服饰、化妆发型的感受，比如说对对话的声音的听觉感受，这是偏重于感官。而对对话含义的理解，对访谈对象的话语的领悟，由被访谈者的故事和经历所引发的人生况味，则是偏重理性。但无论是哪一种审美，脱离对感性形式的把握就

① 滕守尧:《审美心理描述》，中国社会科学出版社 1985 年版，第 368 页。

能体会到“弦外之音”“象外之旨”的情形是没有的。同样，单纯是感知到表面的感性形式，不深入到美的内在韵律、境韵中体味、琢磨的所谓审美，也是不存在的，因为“肤浅的感觉并不等于审美”。所以在访谈中，一方面要注重节目各个环节的外在表现，更要注重对人物内在情感的挖掘，让观众从深层对话中获得语言美感、心灵美感、人生美感的多重冲击，获得高层次的审美享受，并发现访谈节目的审美情趣之所在，这也有利于引导电视文化向良性的方向发展，有利于培养一批有较高审美能力和较高文化需求的受众群体。

第三节　人物类访谈节目主持人的个性化要求

一、追问事实的能力

(一)挖掘故事

人物类访谈，要期望对人物的故事有深层的触动，就要求主持人必须有追问事实的能力，嘉宾只言及浅层故事和经历，往往是因为主持人追问深度事实的条件并不具备。事实是对所有的追问敞开的，只有对人物事实背景的清晰掌握和触及人心的深度追问，人物故事的充分揭示才会成为可能。当然，主持人的深度访谈，包括之前充分的调查了解皆必不可少。同时，立场决定态度，主持人的立场越客观，对人物故事的揭示才会愈客观，真相才愈有可能水落石出。例如以英国 BBC 的 *Hardtalk* 节目(2001 年 5 月 24 日播出)为例，主持人塞巴斯蒂安(Tim Sebastian)访问《哈利·波特》里饰演斯内普教授的阿兰·里克曼(Alan Rickman)。我们可以看到塞巴斯蒂安是如何通过挑战性的提问而获得想要的故事的。

主持人:但有些人说,有这么一种说法,说你对这部戏的创作方式感到不快。

里克曼:不,垃圾说法,绝对是垃圾。公演之后,我读到这样的报道,说什么我和女主角 Helen Mirren 关系不好。在舞台上我从来没有和任何一个女演员关系好得像在那部戏中。在私底下我们也是最要好的朋友。那些报道根本就是垃圾!但是人们总想给演员在台上台下都制造些花边新闻。说到这部戏,我想我不知道有多少人真的了解它,但我们演的是两个统治世界的领袖人物在他们人生中的某个节点。

我演的角色基本上就是一个酒鬼。我想当人们发觉所看到的不是一个伟大英雄时会很失望很不满。在我看来,这部戏的要点是两个曾经不可一世的人物现在却是那么小孩脾气,堕落到醉酒,争吵,相互扔东西——一些寻常家庭里发生的情节,比如在一场戏里她给他钉盔甲,他说,“不,不,不对不对,应该这样”。这是对两个伟人最不同寻常的解构(两只手做手势),他们的表现就像小孩子。

主持人:但是这种表现方式却遭受着口诛笔伐。你是否曾经希望自己从事其他的职业?那些犹如赢得比赛拿走奖品就可以的工作,而不是被每个人日复一日地在鸡蛋里挑骨头。

里克曼:嗯,我们的职业和作家、诗人或其他什么差不多——,嗯,其实还是有区别,因为我们是在解读而不是创造,但是……

主持人:你不看自己演的电影,是吗?

里克曼：嗯，如果我可以忍住的话。不，它不会让我很兴奋。

(二)抓住细节

李斯的《谏逐客书》中说："泰山不拒细壤，故能成其高，江海不择细流，故能就其深"，表明要学会做好每一件小事，想好每一个细节，注重细节的连贯性，把细节做好。在访谈节目中，有时采访也是靠细节决定成败。能不能从人物的经历和故事中发现容易被人忽略的"细壤"和"细流"，是对主持人的考验，尤其在人物类访谈中，是对主持人本身的个性、阅历、经验等的考验。在人物的故事中，细节往往被忽视，而主持人应该关注嘉宾的每一个细节，比如对一些话题的情感的微反应，比如人物经历中一些看起来很小的容易被忽略的小事情，但是恰恰是这样的事、这样的反应，可能能够体现被访谈者内心真实的感受和体验，抓住这样的细节深度挖掘，也许会有不一样的访谈感受，也更能够接近人物的内心世界。同样在塞巴斯蒂安采访里克曼的访谈中，我们也看到了对人物细节的把握。

主持人：你差点没赶上 *Harry Potter* 的首映式是吗？只看到最后半个小时是不是？

里克曼：是的，大约是最后四十分钟吧。因为我那时正在西区演周日场的 *Private Lives*。

主持人：在西区，Rickman 正同时出现在两个演出里是吗？

里克曼：是的，那要看你的喜好！（笑）看你喜欢真人版或者是在电影胶片上放大的那个。

主持人：你觉得这部电影怎么样？你看到什么了？

里克曼：在我看来，拍得太好了。我们在拍摄的时候，每次有孩子进来参观，他们总不停地重复着一句话，"哇！和书里一模一样！"我想这就是 Chris Columbus 导演和制片人的目标吧：忠实于 J. K. Rowling 的想象世界。昨晚，影片结束时，整个影院沸腾，观众们起立欢呼。我想，他们已经做到了。

如何抓住细节？从一些对细节把握较成功的访谈中我们可以总结以下几点：第一，细节是为主题服务的，所以我们在访谈时要对细节进行突出主题的筛选。第二，细节又是昙花一现的，很多细节，比如语言、情感、行为可能是转瞬即逝，所以主持人的反应必须是敏锐的、及时的。第三，细节是层次递进的，可以选用具有递进关系的细节反复加深印象，就像剥洋葱一样层层剖开。第四，细节是准确的，是可以经得起回味和核实的，所以你抓住的如果是一个不准确的细节，就有可能影响到整个访谈的可信度。

二、探究情感的能力

情感线索的推进可以通过沉默、停顿、共感、探究等方式来完成，继续以 *Hardtalk* 节目为例，从主持人塞巴斯蒂安访问《哈利・波特》里饰演斯内普教授的里克曼的访谈来看，所谓的硬访谈当中也有软性的、情感性的一面。

（一）停顿

主持人：你自己曾是个颇爱做梦的孩子，是吧？

里克曼：人们是这么说的，是的，是的。成天心不在焉，活在梦中——但不管怎样，这两个男孩子全心全意地互相倾听。

在这里，塞巴斯蒂安停顿了一会，既表示在倾听对方的谈话，也代表在对对方的谈话进行感受和思考，同时也是控制一下话语的节奏。

主持人：和我说说你的童年。对一个要当演员的人来说那不算是个幸运的开始是吗？

里克曼：什么是幸运的开始？

主持人：就机会而言。

里克曼：我进了一所好学校——嗯，其实我念过的所有学校都有各种戏剧活动，尤其是我十一岁到十八岁的学校，Latymer中学——对想当演员的孩子来说那里对成长极为有利。

（二）探究

下面这个段落塞巴斯蒂安通过提问其实是想要了解母亲对于嘉宾成长的影响，这也是对对方内心世界的探究。

主持人：哦？你从母亲那里也得到了很大的支持，是吗？

里克曼：对，我想至少我的母亲和家人都会说："你觉得怎么开心就怎么做吧。"如果你儿子说，"我不做图形设计师了，我要去念戏剧学校"。那肯定看起来是很不可思议的。

（三）沉默

主持人：你的父亲在你很小的时候就去世了，是吧？

里克曼：（非常快）是的，在我八岁的时候。

这里，由于嘉宾里克曼提到自己的父亲去世，略显伤感，塞巴斯蒂安沉默了一会，没有连续发问，而是和嘉宾一起进入短暂的沉默，是希望嘉宾能够进入一种倾诉的心理状态和氛围，然后，访问继续。

主持人：一个很大的创痛。对这件事你谈得不少——这一心灵的伤口从未真正消逝，是不是？

（四）共感

上一个提问本身既是探究，也是共感，一方面感受嘉宾回忆父亲离世的创痛，一方面探究这一事件给嘉宾留下的心理印记。

里克曼：是的，没有。你知道，我来自工人阶级的家庭，现在你可以不受限制地参与各种事件……在过去，我想是个人感情上有些什么东西被强行剥夺了，你知道。

主持人：你指参加葬礼吗？你没有参加父亲的葬礼？

里克曼：我们没有参加葬礼是因为，嗯，我现在觉得是因为母亲当时受的打击太大，她不能承受孩子们出席葬礼。但是不能参加自己父亲的葬礼很奇怪。没人给你解释为什么你不能在场。但是，你知道的，那时有“小孩子只该被看见而不该被听见”的观念。（很浅地笑了一下）

所以，主持人在人物类访谈中不是被动地提问，而是使思想感情处于积极而活跃的状态，通过停顿、探究、沉默、共感来深化和访谈对象的情感交流，使得访谈对象愿意倾诉，而且借助这种情感的表达，达到节目进程中情感流的推进。

第三章

事件类访谈节目主持

第一节　事件类访谈节目的分类

一、重大事件同步直播访谈

重大事件同步直播访谈节目，顾名思义就是结合正在发生的重大新闻事件，进行同步直播报道，并进行同步的观察、分析、评论的节目。这也是从2003年伊拉克战争直播报道后，中国内地电视台普遍出现的节目形态，这种节目形态是访谈节目的一种独特形态。独特的地方就是，它不单纯以访谈部分作为节目的主体，而是以正在发生的新闻事件为核心，一切电视活动围绕事件展开，访谈部分是对事件进程中各方面信息的有力补充。以中央电视台中文国际频道2003年“神五”飞天报道为例：中文国际频道在2003年10月15日推出《中国新闻》特别节目《中国首次载人航天飞行》，从15日上午9时开始连续直播。中央电视台在直播报道中充分发挥电视报道特色，采用口播新闻、专家访谈、滚动字幕新闻、最新图像新闻、新闻特写、新闻背景等多种报道手段，随时更新。这次报道大力宣传了党中央对我国载人航天事业的坚强领导和亲切关怀；大量的背景报道宣传了我国实施载人航天工程的重大意义和取得的辉煌成就，宣传了航天科技战线广大科技工作者和部队官兵在艰苦创业奋力攻关中体现出来的“载人航天”精神，充分展示了国家和民族形象。据统计，截至 2003 年 10 月 16 日 11 时，共有 72 个国家和地区的 221 家电视机构已经或正在转播 CCTV-4 和 CCTV-9 有关我国首次实现载人航天飞行成功的节目，其中 172 家转播 CCTV-4，59 家转播 CCTV-9，103 家全部转播，118 家部分转播（其中有 10 家同时转播 CCTV-4 和 CCTV-9 节目），这中间包括了 CNN，BBC，ABC，APTN 等多家海外主流媒体。

电视直播访谈最大特点就是将现场的声音、画面同步播出，时效性、现场感强。它不仅使观众在第一时间耳闻目睹现场情况，还带给观众极强的现场感和参与感。它给予观众的不仅仅是结果，而且是过程。因此，现场直播已经成为电视优于其他传媒最突出和最具特色的地方，是今后电视区别于其他媒体的重要标志。重大事件同步直播访谈节目呈现如下特点。

（一）同步性

随着新闻直播的常态化，新闻的定义也在发生变化，陆定一给新闻下过一个定义：“新闻，就是新近发生的事实的报道。”但是在实践中我们看到，新闻已经不限于新近的事实，而是正在发生的事实的报道，甚至是即将发生的事实的报道。所以，重大新闻事件直播访谈节目最大的特点就是同步性，与事件同步探寻真相，与事件同步分析预测、与事件同步观点呈现，这也是重大事件直播访谈的魅力所在。

现场直播是指在新闻事件的现场，把新闻事实的图像、声音及记者对事件的报道（包含现场采访、解释、评价）转化为电视信号并直接发射的报道方式，它是最能体现、发挥电视传播特点和优势的新闻报道形式。随着时代的发展、科技的进步，以及各种新型媒体（如网络、手机电视等）的出现和发展成熟，画面已经不再是电视媒体区别于其他媒体的重要方式。许多成功的电视报道案例证明，“谁在现场”谁就能夺得观众的关注，如今许多知名媒体因突发事件的现场报道而成名。现场的同步性从两方面体现：第一是时效，比如中央电视台中文国际频道 9 月 15 日 9 时整播出的特别节目《中国首次载人航天飞行》中，“神舟”五号载人飞船发射升空，中文国际频道在 9：02 便飞出了第一条字幕——“中国进行首次载人航天飞行”，9：03 主持人口播了这一重大新闻，而现场卫星信号一连通，马上视频切换出现场画面，并保证现场画面的持续，尤其在发射、升空的这一过程中，第一时间同步直播现场的时效性无疑是最具价值的要素。第二是动态，核心要素是正在发生的事件。这种动态性还体现在时间要素的变化、地点要素的变化、场景要素的变化和人物要素的变化。

(二)多样性

多样性主要体现在包括访谈在内的多种电视化手段的运用。比如《中国首次载人航天飞行》特别报道以“神舟”五号载人飞船发射升空的动态为主线，以相关重要新闻的记者专访、演播室嘉宾访谈、主持人的双视窗连线、新闻背景、新闻人物和反应性报道为支撑，将飞船运行的最新进展通过与在前方发射现场记者的连线报道、录像新闻、飞字幕、口播、精彩新闻片段回放、字幕标版等形式在第一时间向全球传播。同时，充分运用央视驻外记者站的力量，通过双视窗连线报道形式，对第一位华裔宇航员王赣骏，前苏联宇航员、太空旅游第一人丹尼斯等全球的宇航员、航天机构进行电话连线或双视窗报道，并将美国航天局、俄罗斯太空站的祝贺以及香港、台湾等地的反应性报道等以最快速度播出。此外，《杨利伟——中国进入太空第一人》《中国运载火箭处于国际先进水平》《人类航天大事记》等 69 个专题片的穿插播出，使事件类直播报道内容扎实而又丰富，凸显出时效性和知识性强的特色。

二、社会事件调查访谈

对社会事件当事人进行现场访谈，但目的不是为了表现人，而是为了还原事，也就是为了追寻真相。当重大社会事件发生时，观众们都会十分关注，但无法直接进入对事件的调查。这时候记者就是有着强烈解开谜团欲望的观众们的得力代表，他们代表观众们通过各种各样的手段，甚至冒着各种危险进入事实本身，逐步揭开真相。记者们的调查进程或对事件的理性分析往往成为调查性报道的叙事主线。优秀的调查记者总会很好地把握住观众们的心理需求，他们在有逻辑、有步骤地进行调查的同时，会不停地代表观众提问题，不停地寻找答案，使调查层层展现于观众面前。这让观众们在节目播出过程中有一种亲自参与的特权式体验，被牢牢地吸引在电视机前。在对一些具有普遍性的社会问题的调查采访中，记者对社会问题敏感的洞察力、对相关问题的广泛了解往往让人钦佩，也引导观众对问题进行思考。他们在细心、耐心的调查中，社会问题的原因所在逐渐被发现；他们的善解人意、亲和力、对采访对象的理解和尊重得到了采访对象的信任，让他们说出了心里话，让观众们真正理解某一社会群体的处境。在《新闻调查・双城的创伤》中，记者柴静与小学生的有效沟通让孩子们说出了心中想法，表达出他们一直以来对大人们的不信任。在《新闻调查・以生命的名义》中，柴静又让同性恋者说出了心中对社会的强烈呼声，再加上对专家的采访，让我们对同性恋有了更多的认识，对同性恋者的处境给予更多的理解。调查记者们在工作中表现出来的无畏、智慧、坚毅等职业精神让社会事件调查访谈在受众心中树立起权威，发挥了它应有的社会作用。社会事件调查访谈有以下特点。

(一)客观性

社会事件调查访谈采用客观报道的方式来操作，是一种过程的真实性的体现，通常提供丰富的背景资料，详细深入地剖析事件的起因和过程，非常讲究记者的介入，追求的是一种具有调查感的效果。这种报道方式从英国的《60分钟》发展到今天，应该说已经比较系统和完善。调查访谈力求报道的客观。所谓客观是指在采访相关当事人的过程中要保持独立的行动、独立的思考和判断，也就是说不借用既定的或者他人的结论，通过一步步深入调查和访问来核实事实。需要指出的是，这种独立性意味着对真相的探求，并不追求形式上的中立，力求以中立的态度探求真相。

(二)求证性

社会事件调查访谈要求记者有比观众更强的质疑精神，他们运用对采访对象的质疑，既可以提高证据的准确性，又激发了采访对象的回答兴趣，让观众们获得更多的事实真相。在《新闻调查·派出所里的坠楼事件》中，记者对事件目击者——派出所民警的提问让人印象深刻：当时你们三个人的位置是怎么排列的？……他是先跳到窗台上然后再跳下去，还是直接就跃出去了？……刘骏跳到窗台后手有没有抓住窗户？……他跳下去的时候你距离刘骏有多远？……在记者步步深入的提问中，最后不同当事人说出了互相矛盾的说法，不用等媒体下结论，观众们已经有了自己的判断。

三、日常时事评论访谈

日常时事评论访谈节目是就当前具有较高新闻价值的重大问题和新闻事件发表看法、进行解释分析的电视节目形式，是电视反映和引导社会舆论，实行舆论监督，指导生活和工作的重要途径。它是集新闻、评论、专题为一体，追踪社会热点，展开新闻背景，阐释事件因果的深度报道。节目制作多结合现场采访、现场录音、现场报道、追踪报道和纪实拍摄等方式，配以同期声和画外音，加上新闻背景分析或权威人士的相关评论，进行深度的事件背景的分析解读。在新闻频繁发生、新闻评论节目却相对不够深入的形势下，观众希望看到更多像日常时事评论节目一样能够专业地评论分析新闻事件并且具有独特风格和魅力的新闻评论节目。比如央视中文国际频道《今日关注》，新闻频道《新闻 1＋1》《环球视线》，凤凰《新闻今日谈》《时事开讲》《时事辩论会》等都是这种类型的节目。日常时事评论访谈有以下特点。

(一)事件是冲突的

这种访谈节目往往呈现事件本身的冲突性，满足事件冲突性的表现就在于，第一，事件中有对立的双方或矛盾的多方。第二，事件的走向趋向于紧张和对抗。所以，访谈就是从事件中厘清矛盾的各方以及他们的矛盾点和冲突点，然后从中寻找矛盾和冲突的由来，寻找可能的化解矛盾的方法。

(二)观点是多元的

传统的陈旧的电视时事评论节目，很多论点从题目上即可预知，毫无新意，评论重心也多在分析、阐释和对现有政策的深入解读上，不管评说的对象题材内部构成何其复杂，传统评论都只有一种观点、一个声音的表达，长期的一边倒，不仅造成信息传播的损耗，而且并未全面反映现实生活中意见信息的真实环境。这样的时事评论没有生命力，也在逐渐被一些紧跟动态事件、多元观点表达的时事评论节目所取代。而现在的时事评论节目之所以观点是多元的，一方面是经常把新闻观点在对峙、分歧的状态中表达出来，从中可以看到理性的思辨、权威的解读。评论嘉宾掌握话语权，他们大多是各个领域的专家学者，掌握大量的研究资料，有不同职业和文化背景，观点鲜明而尖锐，充满个性见解。另一方面，由于采取直播，通过电子媒体和网络媒体实时互动，非常重视公众参与、公众互动和公众反馈，观众评论、民间话语被大量吸纳。不仅带来丰富的信息，而且实现了电视评论意见性信息世界与现实生活中多彩的意见性信息环境的对称。通过全面地反映意见性信息，为受众建构起真实的“拟态环境”，为民众提供一个理性的社会“认知模板”。

第二节　事件类访谈节目的价值要素

一、观点的引领

事件类访谈节目的价值要素，首先要强调观点的引领。事件类访谈，不论是与事件同步的访谈，还是不与事件同步的评论，都要力求观点的多元化表达、话题的第一落点和事实评价的准确权威。有些观点呈现是直接的，比如日常时事评论节目，嘉宾作为权威专业人士对事件发表看法、进行评论。而有些观点是隐含的，比如社会事件调查访谈节目，通过对事件中当事人的调查访谈，形成一条逻辑线，很多观点通过调查的事实自然呈现出来。快节奏的新闻，深度信息的需求，要求事件类访谈节目要加强新闻观点的引领性，可以说，谁的观点更权威，谁的分析预测最接近事实的发展，谁能提供更多深层次的背景，谁就占领了深度访谈和评论这块媒体高地。

加强观点性的评论，首先是媒体扩大自身影响力的需要。改革开放以来，我国经济社会迅速发展，新媒体以其快捷的方式，迅速对电视形成挑战。近十年来，网络成为比电视更为快捷的媒体，在传播消息和报道各种重大新闻时都捷足先登，通过文字、图片、视频多种手段实时播出。在残酷的现实压迫下，事件类访谈节目加强观点性的评论是一条必然的出路。加强观点性评论的另一个原因，是社会、政治、经济生活领域的巨大变化，社会现象的复杂性和价值观念的多元化，使读者迫切需要了解新闻背后的缘由和体制因素，迫切希望媒体有一个观众和专家参与发言的阵地，迫切希望媒体对新现象、新问题予以及时迅速的解读和干预。在这种情况下，提供独家的、第一手的、权威的观点就是事件类访谈节目的价值要素。例如央视中文国际频道的《今日关注》节目，由于嘉宾的专业权威，很多在直播访谈中的观点很快成为其他媒体再次加工的素材。比如2012年3月29日的一期节目《朝鲜发射卫星，日本会否拦截》，嘉宾张召忠就在节目中通过对以往历史的回顾、日本政治的现状做出这样的评论："日本没有胆量拦截朝鲜的卫星，但是如果助推器掉在日本的国土上，可以拦截助推器。……现在这个形势对日本、对韩国非常有利，因为它借着炒作，就扩大威胁，借着事情管美国要东西。日本军事有今天全靠炒作朝鲜起来的。"这个判断和观点迅速成为网络媒体的关注点，并在各网站迅速转载和二次传播。

二、话题的独家

新闻工作者每天处于各种新闻事件的刺激中，反而对事件的关注形成一种惯性思维，而很难另辟蹊径，从另一个角度观察新闻。正所谓"不识庐山真面目，只缘身在此山中"。在激烈的媒体竞争当中，每发生一个新闻事件，各家媒体的记者都会蜂拥而至，紧追不舍，想抓一条独家新闻是越来越难了。面对一个新闻事件，如果哪家媒体没有抓住，或者在话题的角度上偏于单一，就会丧失竞争力。应该说，各类媒体新闻事件的来源越来越趋同，有的媒体即使失去报道先机，也会在后来的时间里想方设法补上。这种情况就给事件类访谈节目提出了新的要求：抓不住独家新闻，也得设法策划出独家的话题角度。以访谈节目《今日关注》为例，在2011年的节目中，由于利比亚战事的发展，收视率一度居高不下，但是在战事后期，随着反对派攻占首都，夺取政权，杀死卡扎菲，观众对节目的关注程度开始下降。在此情况下，节目组跳出战事关注的思路，从深度和广度入手，把已经推翻了穆巴拉克政权的埃及、刚刚推翻卡扎菲政权的利比亚和有迹象被推翻的巴沙尔政权的叙利亚联系起来，结合美国的中东战略，连续策划了“谁是下一个利比亚？”“中东三巨头命运几何？”“法国为何充当战争的急先锋？”等节目，深度分析，把“阿拉伯之春”背后的历史纠葛、政治恩怨以及种族、民族、派别、宗教、政党等蛛丝马迹的牵连做了细节性的分析，并且对国际关系的复杂性做出了深度解读，也出现了一些精彩的、观众认可度极高的评论，比如张召忠说“美国是世界警察，法国就是地中海片儿警……”

事件类访谈，话题的独家很重要，那么如何才能保证独家呢？关键是以下几个方面：一是长期跟踪热点问题。很多事件的发展是有延续性的，可以从中发现一些不同于以往的变化，采取逆向思维的方式选取话题角度。比如国内新闻中有三种情况，第一种是可预见的或是可以推测的，比如十八大召开、“神舟”九号发射等；第二种是不可预见的事件，比如自然灾害、突发社会安全事件等；第三种是正在发展和形成的，比如油价上涨、干旱缺水等事件。国际新闻也一样，第一种比如可持续发展世界首脑会议、朝韩首脑会谈，第二种比如政变、暗杀，第三种比如欧洲右翼猖獗、拉美金融危机。如果认真跟踪和研究，提前做准备，就有可能在事件发生时做出独家的、深度的报道。二是从常态事件中寻找角度。国内事件要从一开始不被关注的事件入手或者突发性事件但不被关注的角度选取话题，发现新闻点。而国际事件可以选取与中国相关的话题。比如中国周边的重大事件：朝鲜发射卫星、美军在澳大利亚部署等；中国人特别关注的国际事件：叙利亚问题、利比亚问题、伊朗核问题等；外界认为中国有影响力或有利益所在的重大国际事件：半岛局势、上海合作组织会议等；发生在中国但对世界有影响的大事：奥运会、世博会等；还有中外关系中的大事件：建交、断交、撤侨等。

第三节　事件类访谈节目主持人的个性化要求

一、专业可信

传播学者霍夫兰的传播实验证明："如果传播对象喜欢传播者，就可能被说服。如果接受者认为信息的来源是一个与他自己或她自己相似的人——即具有同一性，就更是如此。"①大众传播学研究表明：传播来源的可信度同传播效果成正比，即传播来源的可信度越高，所能取得的传播效果就越大。由此可见，谈话节目的选题一定要接近主持人的专业，使主持人在受众中建立良好的信誉，让受众从接受主持人开始接受栏目。

事件类访谈主持人，必须具备新闻的专业性，而且往往是从职业性而表现出的专业性。简单地说，就是资深的采访经验＋长期的现场采访经历＋深厚的新闻背景知识＋备稿能力。因为事件类访谈节目主持人经常会面对突发新闻事件，也就是不可预料的不可抗力下毫无预兆的情况下发生的意外，不为人控制的新闻事件。突发事件在发生前并非没有迹象可寻，这些突发事件也有一个矛盾累积、激化直至爆发的过程，有自身的特点和规律。平时看似细小的问题，如果解决措施不当很有可能引发大的矛盾。尤其是一些突发性的社会公共事件，比如公共卫生事件、食品安全事件。对访谈节目主持人来讲，必须做到通过访谈达到春风化雨、润物无声，而不是雪上加霜、火上浇油，通过访谈提供方法，寻求解决之道，疏解矛盾，缓和恐惧，放松紧张心态。

传播本身就是交流与分享，传播者与受传者是平等的。受众是朋友，

---

① 张海潮：《眼球为王——中国电视的数字化、产业化生存》，华夏出版社2005年版，第66页。

但不是上帝；了解受众需求，而不是迎合受众，而是对受众的心理进行整体的分析和掌握。关注受众的关注点，提供受众最需要的信息，感受受众的情感变化，才能提升受众对节目的观看期待和对节目的信任。比如在2003年“神舟”五号飞船发射后在轨运行21小时，之后航天员杨利伟返回地球，第二天，笔者作为主持人在《中国载人航天特别报道》的访谈中，采访了从发射场赶回北京的“神舟”五号飞船总设计师袁家军。为了做好这个连续两天的特别节目，笔者提前去北京航天城参观学习，对中国载人航天工程七大系统的资料做了反复的学习和研究，并在网络上查阅了大量观众感兴趣的问题，尽量在全天候的直播中提出观众最想了解的问题：

主持人：很多观众非常着急，已经问到“神舟”六号什么时候上天？目前处在什么阶段了？

袁家军：“神舟”六号目前一部分设备已经开始生产了，它将在载多人和长期飞行方面，继续对“神舟”五号系统考核，所以希望能在一年以后。

主持人：“神舟”六号还有什么目标呢？这次“神舟”五号在轨运行了21个小时，“神舟”六号我想可能会超过一天？

袁家军：因为“神舟”五号本身的能力是3人7天，“神舟”六号我们希望进行更长期的飞行，比“神舟”五号长。

主持人：但是相应的技术难题也比较多吧，光航天员的生活，吃喝拉撒各个环节都要复杂一些。

袁家军：一个人或者几个人在舱内的生命保障系统的要求是不一样的，补给的情况也是不一样的，但是互相的心理上应该起到很好的作用，特别是长期飞行。

主持人：你觉得这次返回情况怎么样？

袁家军：非常完美，结果也是令人满意的。特别是杨利伟坐上飞船以后，跟我们戚总（戚发轫）说的第一句话是：“你们的飞船太好了。”我想不光是我们，所有的研制人员听到这句话都会非常高兴。

访谈的最后一句话，总设计师袁家军带来的信息，航天员杨利伟对飞船的评价，这就是重大事件发生后的第一手信息，通过对重大事件第一线参与者的访谈，释放更多有效信息尤其是观众感兴趣的信息也会提高观众对节目甚至对主持人的专业性的认可和信任程度。

专业性不仅在于提供真实、可信、全面的信息，还体现在访谈过程中的原则意识、大局意识、国家意识，也在于主持人在言行中所表现出来的不卑不亢、敢于担当、敢于说真话的人格品质。

二、价值评判

媒体的首要职责，如果用美国传播学者拉斯维尔的话说，就是进行环境的监测。从新闻学的角度说，媒体的首要职责是提供新闻。其实两者的意思是相近的，但也有一定区别，比如说环境监测更关注的是，我们所处的环境中的一些意外事件、不测事件、反常事件。因为这些事件对于人类的生存和发展更加重要或者说有直接的相关性。例如，“非典”疫情、“甬温线动车追尾”，就比日常生活中司空见惯的事情更值得关注。所以美国著名的新闻工作者普利策讲过：记者是船头上的瞭望者，他瞭望的是急流险滩，而不是一马平川，为的是向社会、公众、人民报警，防止灾难性事件的扩大、蔓延。影响面广大的突发事件是最需要媒体优先关注的。灾难性事件具有很高的新闻价值，一般会引起受众的高度关注。突发性事件、灾难是无法避免的，但面对灾难的态度却是可以选择的。“9·11”事件给美国留下了深刻的教训，“非典”也给现代化进程中的中国提供警示，它首先暴露了我们在突发事件的处理机制、能力上的薄弱。从媒体来讲，“报喜不报忧”、瞒报、假报灾情的历史不断重演，无疑有着深刻的政治原因。但在信息传播日益全球化、多元化的今天，主流媒体的缺席、失语只能造成混乱或更大的灾难。所以，任何新闻媒介在反映社会事实，表达价值判断时都有某种政治上的、文化上的局限性。

面对突发性事件，能否通过直播报道和其中的专家访谈及时地告知受众事件真相，能否向受众提供多视角、全方位的报道，连续地、尽可能地满足受众的信息需求，能否借助专业人士解释事实、普及科学，提供应对灾难的指导和建议，这应该是对一个媒体和一个媒体人的价值观的考验。面对重大时政事件、突发性事件、自然灾难，你是猎奇心态，还是责任担当的心态，或是质疑和反思的心态，这是媒体人价值观和人文意识的体现。如何在中国媒体语境下寻求客观公正的价值取向，解决之道在于：第一，要使我们的节目和嘉宾、主持人的会话更加丰富地、客观地展示事实，更加兼容地多元地表达观点，使局限性在一个单一媒介里降解到较低的程度。第二，通过结构化的媒介组合方式形成事实表达和意见呈现的无影灯效应，也就是说，要通过多样化的媒介设置来形成对社会问题多角度的反应及对社会意见的全方位呈现机制。表现在访谈节目方面就是，对同一个重大的、社会影响广泛的问题的关注，各类型媒体可以通过人物类访谈、事件类访谈、话题类访谈，多角度地呈现事实和观点，让观众自己去思考。

第四章

话题类访谈节目主持

现实生活中，面对错综复杂的社会现象和问题，人们的认识也总会仁者见仁，智者见智，总会伴随着无尽的争论、交锋和抗辩。话题类访谈节目正是尽可能全面辩证地反映社会生活丰富多彩的本来面貌，遵循客观事物和生活本身的规律，增加节目的可信度。话题类访谈可能是从人物或事件入手，提炼引起思辨的话题，比如央视的《实话实说》《对手》《大家看法》，凤凰卫视的《一虎一席谈》，北京电视台的《五星夜话》等；也可能是就人物本身和事件的关系展开的话题性的情感倾诉、心理表达和伦理讨论，比如央视的《讲述》《心理访谈》，北京电视台《真情》《谁在说》等。

第一节　话题类访谈节目的类型

“作为谈话类节目，话题是其重要的构成要素之一。”[①]而在话题类访谈节目中，话题更是节目的主体和主旨，换句话说，话题类访谈节目的主

① 尹学东:《网络特征对传播方式影响的再认识》,《电视研究》2002 年第 6 期。

架构就是各种观点的交锋，各种评论的呈现和冲突，各种意见的表达平台，主题内涵就是通过各种观点的交锋，让受众对一个或几个问题的看法有更多的视角、更宽的视野和更广的思考空间。《实话实说》作为话题类访谈节目的代表，也是中国访谈节目成熟的标志。《实话实说》一改以往谈话节目俯视的说教，而是以一种仰视心态对百姓关注的话题进行深入挖掘。最初的《实话实说》版本，表现了百姓生活中的诸多富有争议的话题，如《夫妻是否需要一米线》《鸟与我们》《为什么吸烟》《该不该减肥》……话题的日常性和亲民性激发了观众的表达欲。改版后的《实话实说》，在话题选择上加入一些敏感话题，虽然拓宽了话题的空间，但缺乏日常性、透明性，节目现场经常会出现曲高和寡的局面，讨论偏向保守。这一缺点也使得该节目的互动性越来越受限，最终于 2009 年 8 月初，在央视改版中退出了荧屏。话题类访谈最重要的因素之一是话题的建立，从表现形式和话题内容看，可分为两类。

一、情感话题类访谈节目

电视荧屏上，情感话题类访谈节目多了起来，采用访谈的方式探讨情感、心理和伦理话题。它和人物类访谈节目的区别就是，它并不以访谈来塑造人物，而是通过情感故事、伦理故事和心理诊断来探究一些问题的解决之道。如央视的《心理访谈》《讲述》，北京台的《谁在说》《真情》，湖北台的《往事》，湖南台的《真情》，上海台《心灵花园》，安徽台的《家人》，江苏台的《人间》，重庆台的《情感龙门阵》，陕西台的《诉说》等等。情感话题类访谈节目还可以细分。一类就是单纯地讲自己的故事，酸甜苦辣，观众听得一把鼻涕一把眼泪；还有一类则涉及生活中的冲突，常常把冲突的双方请到现场诉说，不排除出现戏剧化的场面(那是编导特别期待的，为了戏剧化，编导甚至会做特别安排，刻意制造这种效果)。有些节目中，当事人甚至会有肢体冲突；有些节目还算是温情脉脉，靠眼泪维系收视率；而有些节目则大肆贩卖隐私，靠强化伦理矛盾来维持收视率。

话题类访谈节目和谈话秀节目一样，杂交了电视真人秀的特征。作为一种不断招致批评的、以小报电视形式出现的、被大众所追捧的通俗低劣又颇为重要的廉价节目类型，它引起了道德伦理方面的广泛争议。观看这类节目，往好处说，可以扩大视野，从别人的讲述中体会一些自己也许没有机会去体验的感受，认识到人生的不同面向，得到对自己有教益的观点，其中可能也会有"净化心灵"的效果，但这样的效果是非常有限的，更多的还是满足窥私癖以及一种小市民的庸常趣味。

一旦电视台把收视率作为首要考核指标，节目内容就会鱼龙混杂。所以情感话题类节目良莠不齐，存在满足猎奇心态、同情心丧失、价值判断不清等问题。情感话题类访谈的特点是：

(1)情感性。展现人物命运，呈现悲欢离合、命运多舛的情感倾诉。

(2)伦理性。体现家庭伦理，帮助化解家庭矛盾。

(3)心理性。化解心理矛盾，疏解心理问题，有的直接请心理医生诊断心理疾患。

二、新闻话题类访谈节目

新闻话题类访谈节目是以传播意见性信息和观点性价值判断为主的访谈节目，通过对社会现象和公众话题的理性思考，完成对事件的评论，对新闻话题的思辨性要求超过了纪实性要求。思辨的过程是论点、论据、论证的构成过程。论点、论据、论证成立的基础是客观性。因此，新闻话题类节目的思辨性是建立在新闻事实客观性基础之上的。它和事件类访谈不同的是，在事件类访谈中，因为新闻事件现场的电视声画符号的优势，更多用纪实性来代替思辨性。但是在新闻话题类节目中，应以思辨性为核心，当电视的现场性、纪实性凸显时，节目的思辨性也随之被弱化了，但随着新闻话题类节目的发展，节目的思辨性将逐渐被凸显出来，节目思辨性也随着话题讨论的观点多元获得深入发展的空间，有声语言成为拓展节目思辨性的最好的传播符号。如凤凰台的《一虎一席谈》《锵锵三人行》，央视的《对手》《大家看法》和曾经的《实话实说》，东方卫视的《东方直播室》等。新闻话题类访谈节目有以下特点。

(一)社会性

话题由新闻事件而来，但不是对事件本身的关注，而是对事件引申出的话题的关注。而且话题不一定紧随事件的发生而马上显现，有时是经过一段时间的沉淀和发酵以后，才成为公众热议和讨论的社会性话题。新闻事件只是一个话题的起源、素材和附属产品。话题类访谈节目的话题，并不一定强调及时性和同步性，而是强调社会性和广泛性，所以有些话题可能是在网络论坛和微博上热议的话题，有些是通过网络调查的方式征集的，有些话题是全国观众调查得票率最高的。这种使话题具有"卖点"的选题方式增强了观众对节目的认同感，当作为个体的观众和网民发现自己的关注点与大多数人吻合时，就会产生满足感和归属感。比如央视财经频道《对手》栏目播出的《单身生活经济吗?》中，红方阵营情感专家金韵蓉、《新领军》杂志社社长吕传明、媒体评论员曹保印对阵蓝方阵营财经评论员朱煦、媒体评论员陈斌、作家苏芩。他们就"恋爱培训可以解决单身问题?"、"单身生活经济吗?"进行激辩，辩论过程中多家财经媒体记者以及现场观众表达了自己的观点并提出了一些质疑。

(二)冲突性

争议性和对立性话题就像国际大专辩论赛的辩题一样有冲突感，比如"人性本善还是人性本恶"。在话题类访谈节目中，也经常充斥着这样的冲突性的话题。往往在节目开头以及节目渐次演进的每一个段落开端设置悬念或冲突，然后遵循发现矛盾、冲突，寻找原因，最终化解矛盾、冲突这条轨迹发展下去，使观众在好奇和急于知晓答案的期待中，不知不觉各自支持了所倾向性的一方。

第二节　话题类访谈节目的价值要素

一、思辨性

电视给社会带来的主要变化是打破了人的社会身份和物理空间的传统观念，创造了一个新的场景。电视创造了一个公共领域，这个领域不讲究受众身份、年龄、性别，它是一个真正的信息共享的存在，提供了最大范围的同时获取信息的渠道，而且造成一种奇特的现象：人们不断对电视内容发出抱怨，又继续没完没了地看电视。通过电视的普及，人们能够了解到远离自己的许多问题，例如南水北调、环保、艾滋、毒品等问题。电视使得弱势群体有了被关注的机遇并产生了维护自身权利的意识。通过电视人们发现了自己效仿和追求的目标。

话题类访谈给人们提供了思辨的空间，原本看似离自己很远的问题通过话题性的谈论或辩论，给观众呈现了看待问题的多种角度和对于问题更全面的认识。比如中央电视台曾经的一档节目《大家看法》（已改版后合并至其他栏目），针对高热度新闻故事、高关注度法治话题，展现见仁见智的多种看法，表达针锋相对的犀利观点。其周末版特别节目《我建议》，会聚民意，促进沟通，针对时下最具新闻关注度的民生法治话题，专家学者、公众人物及相关政策法规制定者共同参与讨论，为民生法治出谋划策，有效地促进了观众对社会热点以及民生问题的关注。

话题类访谈将各个社会层面的热点话题推到媒体前台，过去在狭小空间探讨的性、婚姻、不育、同居、离婚、家庭暴力、死亡等隐性话题，逐渐成为公共话题。通过对情感话题类访谈节目，人们对许多过去不能容忍的个人隐私问题开始变得宽容，社会转型受到的冲击得到缓解，社会能够包容更多模糊问题。就像美国社会学家库利在《社会组织》(1909)中提出的"镜中我"(the looking－glass self)的概念："一个人对于自我有了某种明确的想象——即他有了某种想法——涌现在自己心中，一个人所具有的这种自我感觉是由别人思想的、别人对于自己的态度所决定的。这种类型的社会我可以称作'反射的自我'或曰'镜中我'。"[①]他认为，人的行为在很大程度上取决于对自我的认识，而这种认识主要通过与他人的社会互动形成的，他人对自己的评价、态度等，是反映自我的一面"镜子"，个人透过这面"镜子"认识和把握自己。库利认为，"镜中我"也是"社会我"，人际传播是形成"镜中我"的主要机制。从这个角度讲，话题类访谈就是在一个更为宽广的公共平台上，通过对情感话题和新闻话题的关注和参与，展示人们对"镜中我"的体验。

二、娱乐性

《说文解字》解释："娱，乐也。"此后，"娱乐"一直有"使快乐、愉悦"的意思。值得强调的是，这种使人快乐、愉悦并不仅仅是使人的生理获得愉悦，更重要的是人内心愉悦。而人内心愉悦的基本前提正是安全需要、爱和归属的需要、尊重的需要、自我实现的需要等获得一定程度的满足。它实际上是一种自由、自主精神的满足，是在"自由自觉"的能动活动中获得的愉悦，其快感源于一种自主生命的自由表达。

娱乐性的体现，在话题类访谈中会出现两个极端：一个极端是简单理性，简单地塑造二元对立，制造冲突，塑造非黑即白的思维模式。长时间下去，会使受众对任何事都产生非黑即白的简单价值判断。就像美国传

① 〔美〕库利：《社会组织》，转引自《社会学思想名家》，中国社会科学出版社 1990 年版。

播学者卡罗尔·雷伊斯(Carol Reuss)对这种现象做的严厉批评:“娱乐化节目还常常倾向于将复杂严峻的问题简单化,将人生或社会场景简化为善良与邪恶、正确与错误、你的观点与我的观点等二元对立的简单模式,互相对峙,而这种对抗性话题又常常是关乎个人的精神创伤、生活麻烦和个人成就等私人性话题,传媒对重要社会问题要么伪做不知,要么作出貌似严肃真诚实际上是随意虚伪的解释。这种对抗常常表现为情绪或言辞上的冲突,这些看来是激动人心的冲突,在电视主持人的引导下,会在数十分钟内得到解决,从而在受众中制造一种矫揉造作的情感高潮,让人获得一种替代性的满足感与虚幻的成就感,从而实现对日常生活、个人身份颠覆的欲望。这种招数被斥为稻草人(strawman)的技巧。”

著名的法国社会心理学家勒庞也认为,群体中的个人会表现出明显的从众心理,勒庞称之为“群体精神统一性的心理学规律”,这种精神统一性的倾向,造成了一些重要后果,如教条主义、偏执、人多势众不可战胜的感觉,以及责任意识的放弃。用他的话说:“群体只知道简单而极端的感情;提供给他们的各种意见、想法和信念,他们或者全盘接受,或者一概拒绝,将其视为绝对真理或绝对谬论。”[①]勒庞认为,他这里所描述的其实也不完全是一种现代的现象,从古至今,与宗教或准宗教信仰有关的偏执“对人们的头脑实行的专制统治,早就为大家所知”,它甚至是一切伟大文明最基本的动力。

另一个极端是抛弃理性,纯粹感性的狂欢,追求简单娱乐刺激。比如,美国的尼尔·波兹曼在《娱乐至死》一书中说:“思考无法在电视上得到很好的表现,这一点电视导演们很久以前就发现了。在思考过程中,观众没有东西可看。思考不是表演艺术,而电视需要的是表演艺术。美国广播公司展示给我们的是原本具有高超语言驾驭能力和政治见解的人现

① 〔法〕古斯塔夫·勒庞:《乌合之众——大众心理研究》,新世界出版社 2010 年版,第 78 页。

在屈服于电视媒介，是致力于表演水平的提高而不是表达他们的思想。……最后，大家为这些表演鼓掌，这也是一个好的电视节目所希望得到的，也就是说，它需要掌声，而不是反思。”①

我们应避免在话题类访谈中出现以上两个极端，呈现多元化的观点和表达，回归对“娱乐”的客观全面的评价，看到人在娱乐中获得的不仅仅是生理的满足，更多的是精神层面、心理层面的满足，人需要在“娱乐”中获得自我价值的确证。“人文精神”的基本内涵就是尊重人的主体地位，尊重人身心的主动需求，以人为本。娱乐是符合人的基本需求的、态度真诚的、严肃的活动，关键是我们能否把握娱乐的层次，满足公众高层次的娱乐需求。

第三节　话题类访谈节目主持人的个性化要求

一、现场应变

随着在各类节目现场与受众交流的增多，主持人的随机应变能力、即兴语言组织和表达能力、现场调动能力、与受众进行有效沟通的能力等都受到挑战。有些主持人在与嘉宾和受众面对面的交流中文化底蕴的缺失显露无遗，临场应变中，准备不足，知识储备不够。优秀的主持人必须具有强烈的现场意识和应变能力，在主持节目的过程中能调动起受众的情绪，并驾驭节目朝既定的目标发展。在整个主持过程中，居安思危、未雨绸缪，制定“应急预案”，做好充分准备应对突发事件。如出现意外情况，应当处变不惊，保持大将风范，成功化解危机。临场应变能力是考量主持

① 〔美〕尼尔·波兹曼：《娱乐至死》，章艳译，广西师范大学出版社 2011 年版，第 34 页。

人水平以及影响节目收视率的一个重要因素。

在话题类访谈这个谈话场里面有观点的交锋、有知识的碰撞、有逻辑的挑战、有智慧的火花，确实是对主持人的现场应变能力的考验。以《一虎一席谈》的一期节目《活熊取胆该不该禁止》为例，看看主持人胡一虎的现场应变。

（一）塑造观点的交锋

不同的人对同一问题可能会有不同的看法，在话题类访谈节目中，主持人首先要引导嘉宾表明各自的观点和立场，比如：

主持人：全球的华人你好！欢迎收看今天的《一虎一席谈》。今天的《一虎一席谈》绝对值得期待。因为在过去一个月当中，内地的所有媒体吵翻了，为谁而吵？为了它。小小的这个东西是什么？是熊胆粉。熊胆粉怎么来的？是"活熊取胆"而来的。"活熊取胆"的过程很多人看到这个画面，有的不能接受，有的（认为）就是太残忍了，有人觉得是为了治病、为了救人，当然必须得忍耐。你怎么看待呢？一场大 PK 马上就开始。我首先请教一下有关研究动物方面的（专家）乘明兄，您觉得此时此刻该不该对"活熊取胆"来叫停，还是觉得应该有必要存在下去。

乘　明：这个问题我回头再回答。

主持人：回头，你看这个是一个很敏感的话题。南元兄你的看法呢？

南　元：不应该叫停。

主持人：不应该叫停。好，来，我看郭鹏女士你的看法。

郭　鹏：应该坚决取缔。

主持人:应该坚决地取缔。我想问一下贾委员,你这次在两会当中,不仅是为老百姓请命,还要为我们的小黑熊、大黑熊,也在请命,该不该取缔?

贾宝兰:我也是主张取缔。

我们看到在节目一开始,主持人引导嘉宾针对主要的话题开门见山亮明观点,然后马上针对各自观点进行论述。这种对观点表达的引导和归纳,本身就是一种现场智慧的表现。

(二)引导知识的碰撞

在访谈中,论证观点的过程也是展现知识背景的过程,主持人如何引导嘉宾摆事实讲道理,引出嘉宾的专业知识储备,需要一定的现场应变能力。比如:

主持人:好的,好。来,我想问一下郭鹏,郭鹏你看到了这几个画面之后,在这个归真堂它所开放的这个镜头当中,是不是强化了原本你的概念,还是你会因此觉得说,其实他们对待这个黑熊来讲并没有想象得那么残忍。

郭　鹏:这个就像看国画一样,我不光看他画了什么,我还要看他在哪些地方没有画。你比如说这个最重要的缺失,就是那些胆熊没有展示给大家,那么它们的生存状况是什么,特别是它们的细节。你比如说归真堂他们提出了东北林业大学给他们做了一份报告,并且还好像让白一鹏先生说,他可以索取,至少我觉得这份报告第一不是公开发表的,然后在我们所有的这个2010年作为非常严肃的学术单位发表的这份报告当中,明确地指出对这个熊的熊胆液的引流,会对熊的身心造成非常严重的伤害，所以说在我们没有看到的部分，实际上更加使我对这个问题产生了怀疑。

张志鋆：我提供的两份报告，是这样一份报告，一个是2006年3月份中国中医药管理局委托黑龙江中医药大学做的一份报告。我这个可以提供给大家，它是对一百零五头“引流熊”和另外一百零五头“非引流熊”做的对比分析，其中一百零五头“引流熊”它是两年以上引流的，这是第一个问题。第二个问题是2006年学者吴修红写的一个毕业论文，是发表在江苏省博士论文集上的。它是基于这个我可以前面不说啊，它主要是对六十头“引流熊”和六十头“非引流熊”的分泌物和排泄物进行分析，抽血以后进行了量化分析，分析以后他们得出来结论是只有量的区别没有质的区别。

郭　鹏：如果他只是分析了动物的粪便，那么我们实际上更重要的是观察动物的行为，那么在这里两份报告里边都是一个是研究动物被长期地囚禁以后，它的刻板行为，并且它的精神状态的不健康的各种表现。另一个就是对于健康的熊，两组健康的熊和两组受试的熊，不同的条件下，受试的熊它是“取胆”三年以下就是“取胆”时间还是比较短的。黄老师在这里他是研究动物行为的，它有非常明显的，就是它的刻板行为，包括它精神的这种抑郁的症状，所以说这两份报告都是非常完尽的究竟，我希望知道那么你们的报告在什么意义上不同于这两组研究，为什么会有这样不同的结论。

张志鋆：我想就是首先第一个我对刚刚有囚禁，囚禁这个熊的这个行为我们是不存在的。

在这段访谈中，主持人引导嘉宾各自利用自己的知识背景，对所持观点作出事实和理论的支持，比如说嘉宾张志鋆利用提供的两份研究报告来支持自己的观点，也显示了在观点表达中的严谨性，但是另一位嘉宾郭鹏马上指出这一报告研究值得商榷之处，它的样本采集是否客观，对熊的行为的研究是否存在不全面的地方。同样拿两份研究动物行为的样本做出不同的观点表达，你来我往、针锋相对，主持人就要穿针引线，并用背景材料和知识背景作为观点的依托不断地向双方嘉宾提出问题，以引发专业性的表达。

(三)引申逻辑的挑战

逻辑思维是人们在认识过程中借助于概念、判断、推理反映现实的思维活动。它与形象思维不同，是用科学的抽象概念、范畴揭示事物的本质，表达认识现实的结果。在访谈节目中，由于话语逻辑性较强，所以对会话参与者来说，都面临着逻辑的挑战。比如：

赵南元：现在动物保护主义这个之所以如此猖獗，就是利用了人们的一种朴素的这样一种直觉，然后他却没有去认真地分析里面真正道德的实际上的问题。实际上现在的动物保守主义在世界流行起来，它是打着一种保护动物的旗号，去危害人类的一种非常错误的一种流行，那么昨天他们可能到高速公路上去把狗拦住，今天他们可能要反对，要取缔“活熊取胆”，明天他就可能来禁止吃烤鸭，对不对，你们说可能不可能，很多人认为我可能是危言耸听。

观　众：偷换概念。

主持人：我想问。

赵南元：没有偷换概念。

观　众：你就叫偷换概念。

赵南元：没有偷换概念。

观　众：你就是。

赵南元：我说的是对的，现在在国外……

观　众：烤鸭和野生动物保护根本是两码事。

赵南元：我没有说野生动物保护，现在野生动物保护是另外一回事，我从来没有提到过这个事。

主持人：好。

这段对话由于对逻辑思维中的“偷换概念”的争论而显得格外有趣，尤其是当嘉宾夸大野生动物保护的概念，甚至和“禁止吃烤鸭”联系起来时，马上被观众指出了逻辑谬误。而主持人则顺势引导，提出问题。所以，观点的表达有时也是对逻辑智慧的考验。主持人敏锐的逻辑思维，有助于引导现场讨论朝着正确认识客观事物的方向前进，可以使观众通过揭露逻辑错误来发现和纠正谬误，也有助于嘉宾准确地表达思想。

（四）展现语言的智慧

在谈论和辩论一件事情时，主持人语言经常会闪现智慧的火花，而这些火花，就像是这个智慧场中闪烁的星辰，给这个智慧场装点灵动的亮色。比如下面这段对话：

胡一虎：这里画面上所看到的，是你们归真堂药业股份有限公司第一个养熊基地开放日，媒体所捕捉到的部分的图片。但是有人就说，你这个开放日是不是给这个大熊是“双规”，规定时间、规定动作叫它规定地演戏，你觉得？

张志鋆：我们，这个你可能……我是事件当事人。

主持人：是。

张志鋆:我们发了补充声明。

主持人:对。

张志鋆:你们看的可能是第一个,第二个补充声明我们已经不存在所谓的规定时间和规定地点。

主持人:没有被"双规"。

在这段访谈中,主持人借用了一些网络留言中的智慧表达,一语双关,产生了幽默的效果,同时对"开放日"活动给予了形象化的描述,让观众通过一个简单的词"双规"就马上能够直观地理解这个词当中所隐藏的潜台词,像这样的智慧火花经常在访谈节目中出现。

二、理性调控

话题类访谈节目主持人要控制整个现场,一是调控现场讨论气氛,有时是为了有效化解尴尬,有时利用冲突性观点制造对立局面和紧张气氛。二是平衡双方观点,使其不至于失衡,在一方观点占上风时,可能就要适当倾向另一方。三是把握话题走向,也就是当现场嘉宾的讨论没有按照节目原先设计的话题方向行走时,要适当引导。四是引导现场观众参与讨论,并引入场外观点。

比如凤凰卫视的《一虎一席谈》,它的节目形式很新颖,一场节目下来,给嘉宾的感觉就是打了一场酣畅淋漓的战役,给观众的感觉就是看了一场十分精彩的唇枪舌战。主持人在节目当中起到相当重要的作用,他要负责掌控整个局面,既要让节目有高潮,还要适时调节整个节目的节奏,不能让节目失控。节目还给现场观众很大的话语权,就像是一场辩论赛。

新闻话题类访谈节目主持人的功能就是"挑拨离间"。"挑",是挑起话题,就是挑起在这个谈话语境中每一个人想说心里话的欲望。"拨",就是当话语权在一方手里迟迟不肯交出,而且占据了绝对的话语优势时,要善于把话题“拨”给另一方，或者有时候要主动“点拨”话语弱势方去抢占话语权。“离”，是分开，在整个话语空间当中，有意识地分离双方的观点表达，让双方的观点碰撞始终火力十足。“间”可以理解成是留下思考空间的“间”，别把话说绝了，说得太白了，要留给观众一些思维和想象的空间。

情感话题类访谈节目中，主持人的功能是倾听和关怀。主持人是现场的主持者、主导者、组织者。主持人要与嘉宾、观众达到心的交流，就要真诚倾听受访者的心声，尊重他们的心理感受，创造一个良好的谈话氛围。如果说交谈是艺术，那么倾听则是更微妙的心灵沟通技巧。在情感话题类访谈节目中，主持人真诚、亲切、认真地倾听，可以迅速缩短与嘉宾、观众的距离，使现场气氛在一种朋友般的亲切谈话中把节目引向深入，尽一切可能展现每位嘉宾的生命体验和心灵秘密，与观众一起见证历史，思索人生。

第五章

电视访谈的一般性规律

第一节　电视访谈受语境因素的制约

语境是语言学中的重要概念之一。语境即言语环境，它包括语言因素，也包括非语言因素。上下文、时间、空间、情景、对象、话语前提等与语词使用有关的都是语境因素。关于构成语境的因素历来众说纷纭。20世纪20年代英国人类学家马林诺夫斯基（B. Malinowski）最先提出了语境的概念，用以解释语言在社会生活中所起的作用。他认为语境可以分为狭义和广义两类，狭义的语境是指话语产生当时及紧接在其前后的各种实际事件，可称为“情景语境”（context of situation）；广义的语境则包括话语产生的整个文化背景，可称为“文化语境”（context of culture）。伦敦学派语言学家弗斯从马林诺夫斯基那里吸收了语境的概念，但他从语言学的角度，在语境概念的基础上建立起一套独特的意义理论。他所说的语境乃是语义的分析平面上一套彼此相关的、抽象的观念类别。弗斯主张把意义分解成一系列方式（modes）或层次（level），不仅有词汇意义，而且有语法意义和音系意义，甚至还有语音意义，他把所有层次上各种类型的意义都看成功能的各个方面。换言之,意义实际上被说成是各个层次的成分在语境中的功能。弗斯认为语境有两种,他认为,语境不仅指的是"语言的上下文",还包括"情景的上下文"。

语境的主要功能是对语言的制约作用。一切语言的应用和言语的交际总是限定在一定的语境范围之内,因此,语境对语言的语义、词语、结构形式以及语言风格等方面都会产生影响和制约作用。具体在访谈节目中,我们可以把访谈节目本身作为一个语言符号,从以下几个方面去研究语境在不同层面对这一媒体语言符号的制约和影响。

一、文化语境决定节目品位

文化语境指与言语交际相关的社会文化背景。它可以分为两个方面,一是文化习俗,指人民群众在社会生活中世代传承、相沿成习的生活模式,是一个社会群体在语言、行为和心理上的集体习惯,对属于该群体的成员具有规范性和约束性。二是社会规范,指一个社会对言语交际活动作出的各种规定和限制。南京大学教授王希杰认为:"语言环境是交际活动中的四个世界(语言的世界、物理的世界、文化的世界、心理的世界)的统一。"[①]我国访谈节目处于中国文化的语境,同样一个话题的讨论,可能中国人觉得非常有趣,非常愿意参与,而外国人可能就不感兴趣,或者根本不能理解。在《中国文化心理学》一书中,对中西方文化心理有这样的总结:"中国文化是人的文化,西方文化是物的文化。中国文化是内省文化,西方文化是外求文化。中国文化是重情文化,西方文化是重智文化。中国文化是伦常本位文化,西方文化是个人本位文化。中国文化重人文精神,西方文化重科学精神。中国文化重统一性,西方文化重差别性。"[②]

---

① 王希杰:《修辞学通论》,南京大学出版社 1996 年版,第 88 页。

② 汪凤炎、郑红:《中国文化心理学》,暨南大学出版社 2004 年版,第 45 页。

比如以“人情”为例，中国人“尚和”，因此对于“人情”的理解，中国人是以“和”为前提的，而“人情”一词也是中国人所特有的。在中国文化里面中国人的“人情”是有其特殊含义、特定范围和特定方法的，传统的中国农业社会，各种关系都是以农业为基础的，这种相对小的流动性便形成“熟人社会”，而熟人社会则必是重人情的社会。中国的农业文化底蕴决定了中国是一个重人情的社会，而中国这种人情社会势必会形成与西方完全不同的社会关系和生活方式。再比如说“礼”，中国人说“发乎情，止乎礼”“己所不欲，勿施于人”“克己复礼为仁”等等这样的思想有些并不能为外国人所理解，但是这些文化却不可避免地影响我们的言行和思想，使得我们的节目尤其是访谈类节目，自然而然地通过言行的表达和表现展示出文化的内涵，而很多的对话和言行也只有放到中国文化语境之中，才能被理解。没有一定的文化品位，就不可能有高质量的节目，文化语境直接决定着一个访谈节目的文化品位。文化内涵不仅体现在节目的实现过程中，甚至体现在节目的策划阶段，比如采访什么样的人，从什么样的角度切入，谈什么，为什么谈，这些都受文化语境制约，也是体现节目质量的重要因素。

二、媒体语境决定节目定位

国内关于语境构成因素的研究最早始于陈望道。他在《修辞学发凡》中提出“情境”的概念，认为情境包括“六何”：何故、何事、何人、何地、何时、何如。这一点也让人想起新闻学中提到的五个“W”与一个“H”：who，what，where，when，why 和 how。之所以提到这点，是因为在新闻为主的媒体环境中，访谈节目也不可避免地追逐新闻要素，从这个意义上说，陈望道先生所提的“六何”情景，作为当今的媒体语境更为合适，在追逐新闻点的过程中，节目的定位自然要受这些因素的制约。媒体语境的不同，也会带来访谈节目定位的不同。比如，中央电视台作为国家级电视台，他的语境关键词就是“权威”“高端”“国家形象”“华人话语权”，所以中央电视台的访谈节目也多定位高端，比如采访国际影响力人物的《高端访问》，比如同步分析评论国内外时政大事的《今日关注》等等。相比之下，各地方电视台也会根据自己的地域特色，进行符合当地媒体语境的节目定位。同样是访谈节目，凤凰卫视作为境外媒体，它的媒体语境关键词就是“先锋”“客观”“尖锐”“容纳”，有像《社会能见度》《鲁豫有约》《锵锵三人行》《一虎一席谈》等独具特色的访谈节目。一些地方台的访谈节目则定位在民生，注重节目的服务性和贴近性。

三、情景语境决定话题内容

伦敦学派语言学家弗斯发展了马林诺夫斯基提出的“情景语境”的概念，他在此基础上提出了“情景的上下文”，比如他对语境的划分（见图5－1）：

- 上下文
  - 语言因素构成的上下文（语流语境）
  - 情景上下文
    - 内部关系
      - A 参与者的有关特征：人物、性格
      - 1 参与者的言语活动
      - 2 参与者的非言语活动
      - B 有关客户
      - C 语言活动的影响、效果
    - 外部关系
      - A 参与者的经济、宗教、社会结构
      - B 语言类型：独白、记事
      - C 个人情况：参与者的年龄和性别
      - D 言语类别：社会中的不同类型的话

图 5－1　马林诺夫斯基对语境的划分

从这个划分中我们看到，抛开语言因素的上下文，只看情景的上下文，言语参与者的性格特征、社会背景、言语类型、个人情况等都会制约言语的使用和理解，所以，从访谈节目信息传播的角度看，情景语境中的构成要素对内容起决定作用：

(一)访谈主体决定话题内容

访谈主体(即主持人、访谈对象)在特定访谈情景中的角色表征，诸如年龄、性别、职业、性格、身份、知识、修养、经历、人格、立场、相互关系、心理需求、传播意图等对话题内容有决定作用。主持人应充分了解访谈对象对什么样的话题感兴趣，什么样的语言风格是对方能够接受和适应的，哪些领域的内容是话题的禁忌等。

(二)访谈场合与访谈方式影响话题内容

访谈场合与访谈方式指访谈活动发生的时间、地点、背景、氛围、何人在场、媒介的选择与组合等。这些因素反映访谈双方的专业兴趣，还制约着符号、意义与媒介的选择，是编码和解码过程中都不容忽视的语境元素。举个例子说，在人物类访谈中，如果引入场外嘉宾与场内嘉宾对话，场外嘉宾的现场环境、与主题人物的关系都会影响话题的内容和走向。

四、认知语境决定沟通程度

既然语境是个客观固定的构成，交际者在理解话语时根据语境进行推导便可得知意义，那是什么造成交际时双方的不理解现象和误解现象呢？又如，我们知道对话语的理解依靠语境，而话语理解这一过程是在交际者的头脑中进行的，那么交际者如何利用语境因素对话语含义进行推导呢？这些问题我们从传统的语境观中找不到答案。我国学者熊学亮教授对认知语境的理解是："语用推理并不一定要依赖具体的语境，因为语言使用者通过经验或思维已经把有关的具体语境内在化、认知化了，这种语用因素内在化、认知化的结果就是大脑中的认知语境。”[①]熊学亮认为，人的知识结构是对外部世界结构化（概括或抽象化）的结果，而具体场合及个人经常用到或出现的语言使用特征，也可以在大脑中结构化。这样一来，原来的知识结构就变成了推理的逻辑部分，原来的具体语境因素就变成了大脑中的种种关系。比如一提到某一具体场合，便会自然想到在该场合可能使用的语言表达；一提到某种语言表达，便会自然想到与这种表达有关系的具体场合。这种语用因素结构化、认知化的结果，就是大脑中的认知语境。

那么在访谈节目中，主持人如何与嘉宾取得认知上的共识，如何避免对对方话语的误读，认知语境起了决定性作用。每人都会有不同的经历、不同的受教育程度、不同的心路历程、不同的情感经验，却有相同的道德判断标准、传统价值观等，这些决定你的认知程度，也是你的认知语境中的关键因素。我们经常听到观众评价一些主持人“有知识，没文化”，这是为什么？就是因为仅仅靠知识，恐怕很难完全理解访谈对象的话语内涵，这里面还包括情感沟通的分寸，行为举止的得当，对访谈对象话语内涵的及时回应，这些因素都决定你是否能和访谈对象有深层次的流畅的对话。

五、主客观语境决定会话效果

语言学家王德春是国内第一个提出“语境学”概念的人，他认为：“语境就是由时间、地点、场合、对象等客观因素和使用语言者的身份、思想、性格、职业、修养、处境、心境等主观因素所构成的使用语言的环境。”[②]

① 熊学亮：《简明语用学教程》，复旦大学出版社 2008 年版，第 96 页。
② 王德春、陈晨：《现代修辞学》，上海外语教育出版社 2001 年版，第 84 页。

《艺术人生》朱军采访赵雅芝收到较好的会话效果，就是非常准确地把握了观众对赵雅芝在《上海滩》中塑造的经典角色的熟悉，并把她放到一个回忆的和时空交错的语境中，就是在这个语境中，上下文或者叫全篇访谈是没有任何阻碍的。

主持人：就这个角色而言，冯程程的性格是你喜欢的性格吗？

赵雅芝：一部分吧。

主持人：比如她对爱情的机会。

赵雅芝：我会给人机会吧。

主持人：但是她很勇敢，她很勇敢追求。

赵雅芝：所以一部分像我一部分不像我。

主持人：你会给人一些机会，但是不会疯狂地追。

赵雅芝：不是不给一些机会。戏里面冯程程因为误会嫁了丁力。在她出嫁之前，许文强不是求她吗，冯程程就，最后一场戏也是，许文强求她不要去法国。我讲得有点乱了，刚才说她结婚那一段的时候，冯程程不愿意给他机会，这可以理解，后来冯程程离婚后要去法国，周润发求他不要去的时候冯程程没有给他机会。要是真实的我的话，我会给他机会，我不会像冯程程那么绝情吧。（掌声）

主持人：其实真的拍完这部戏之后，你一下子就大红大紫了，你觉得这个红这个紫对生活有影响吗？

赵雅芝：其实没有的，我想我做这份工作了，我说当我是明星，因为演戏是我的兴趣，拍摄电视是我对艺术上面一个工作的追求，要是我心态是要这个明星的话，那你知道拍电影好像感觉比电视好像，总感觉优越一点。

由于现场观众和电视机前的观众都非常熟悉赵雅芝所塑造的角色和

她本人在现实中的角色和情感历程，所以朱军通过提问，让赵雅芝一直在对比戏中的角色和现实中的角色的异同，观众也能够理解这样的会话。在这个时刻，适合的场合、适合的对象加上适合的心境、适合的受众接受心理，构成了主客观因素的统一，所以形成较好的会话效果和传播效果。

张颂先生在《播音语言通论》中阐述语境时提到了实境与虚境："在我们的播音创作中，不仅重视上下文，还重视自然环境、社会环境、具体对象的量和质、有声语言的内容形式、表达的出发点和归宿、前馈和反馈，不仅重视'实境'，还重视'虚境'。这里所指的实境，就包括播音创作涉及的各种因素：客观因素如稿件内容、时间、地点、媒体、场合、对象等等，也包括主观因素，如创作者本身的诸因素。虚境，则包括由创造想象、再造想象引发的，同传播内容密切相关的因素，它是客观存在的，但又是抽象的，在播音创作中的很多方法都体现出虚境，如对象感的运用、情景再现的运用等等，语言离不开思维，播音创作要求思维必须引向情感，而想象是调动情感的手段。播音创作正是在实境与虚境的制约下，发挥原有经验，深化作品主题，完成创作任务"。①

具体到访谈节目中，就是说访谈的内容还要和受众的需要联系起来，把具体可感的内容比如访谈的对象、话题的内容、访谈的场合与抽象的内容如访谈的传播受众需求、访谈中情感的深化等等结合起来，共同构建一个主客观统一的访谈语境，要有意识地从不同层面构建一个有利于情感传播、人性传播、文化传播、民族传播的话语场，这样的传播才能取得理想的传播效果。

---

① 张颂：《播音语言通论：危机与对策》，北京广播学院出版社 1994 年版，第 43 页。

第二节　话轮的转换承接是访谈的基础

20 世纪 60 年代末至 70 年代初，美国社会学家萨克斯（H. Sacks）等人对日常会话的结构进行了探索和分析，话轮（turn）和话轮转换（turn-talking）就是其研究的重要内容。语言学家法索尔德（Fasold）指出："话轮转换是话语分析中的核心问题，并受到语言学界的广泛关注。"萨克斯（Sacks）、斯切格劳夫（Schegloff）、杰斐逊（Jefferson）等语言学家在研究中还提出了话轮分配理论（conversational turn－allocation）。该理论认为，某一参与者不可能无休止地占据发话者的地位，而是各会话参与者交替发话。话轮转换依据的语料既可以是社会生活中人们的交际言语，又可以是文学作品中的人物对白。

所谓话轮，顾名思义，就是交谈者轮流说的话。国内语言学者刘虹认为："话轮是指会话过程中，说话者在任意时间内连续说出的一番话，其结尾以说话者和听话者的角色互换或各方的沉默为标志。"① 从这个定义中我们可以看出，衡量话轮有两个关键点：一是说话者的话是否连续，如果出现沉默，那么同一个说话者连续的话就不止一个话轮；二是说话者和听话者之间的角色是否互换，如果有，那就标志着一个话轮的结束和下一个话轮的开始。要让一段谈话，尤其是要让一个谈话节目顺利进行下去，一个很重要的因素就是要在限定的主题和时间内，保证主持人和嘉宾之间话轮的有序交替转换。

电视访谈是在主持人与嘉宾之间的交谈与互动中进行的，主持人与嘉宾之间、嘉宾与嘉宾之间不断地进行话轮转换。主持人与嘉宾之间的

① 刘虹：《会话结构分析》，北京大学出版社 2004 年版，第 77 页。

对白看似是一种很随意的交际行为，实际上在整个话轮的推进过程中往往存在着很多规律性的现象。斯滕斯特罗姆(Stenstrom，1994)提出话轮转换可以分为三个过程，即开始发话(taking the turn)、持续发话(holding the turn)和放弃发话(yielding the turn)。下面笔者就依据这个理论来考察话语片段在开始发话、持续发话和放弃发话三个方面的特点。以话轮转换理论为指导，探讨电视访谈节目中话轮的构成特征和话轮在推动节目会话进程中的作用。下面以《今日关注》2011 年 5 月 2 日节目《抓捕十年　美国击毙本·拉登》为例，来阐释话轮转换的过程，了解主持人是如何在这个过程中分配话题，控制话语节奏，推进话题进展的。

一、开始发话(taking the turn)

开始发话并不单单指发话人开始新一个话轮，还包括受话人如何运用技巧来获取发话的机会。这样的技巧通常就包括接话和插话。

(一)开始话轮

主持人：之前一直说本·拉登是藏身在巴基斯坦和阿富汗边境的崇山峻岭当中，但是我们这次注意到被击毙的地点阿伯塔巴德是首都伊斯兰堡附近的一个小镇，我们可以从地图上看一下这个具体的位置。大家看到这是首都伊斯兰堡，阿伯塔巴德也就是距伊斯兰堡 100 多公里，为什么本·拉登没有躲在巴阿边境的崇山峻岭，而是选择在这样一个小镇藏身呢？

(二)接话

张召忠：瞒天过海，说明他运用了瞒天过海的战术，因为原来大家都以为他会躲避在阿富汗南部阿尔坎大哈这一线的崇山峻岭当中，因为那个地方有很多的溶洞，而且很多溶洞都是在反抗苏联入侵的时候修的，有很多的地下设施。这样就是在过去的十年过程当中，美国的特种作战部队就对整个的这些溶洞和原来苏联时期的一些地下的宫室进行了大量的搜寻，结果什么也没有发现，但是美国的特种部队和中央情报局就怀疑他躲在巴基斯坦，就是阿巴交界的地方，所以在过去的一两年，加紧了对这一块的搜寻。但是谁也没有想到，确实他就躲在伊斯兰堡的近郊，距离它100多公里的城市，他这个房子距离城市大约二三公里这么一个地方，这是没有想到。

第三个话轮继续由主持人接过话题，并进一步通过提问发起话轮，但是转给了另一位嘉宾，于是另一位嘉宾通过接主持人的问话，发起话轮，然后两人一问一答，互相接话，一直持续了十二个话轮，每人六个。这样的频次使得节目的节奏加快，并且不断制造悬念，引发观众的好奇心和求知欲。此处只摘取其中一部分：

主持人：居然巴基斯坦的情报人员就一直没有发现。

殷　罡：而且巴基斯坦军方一贯信誓旦旦地说本·拉登决不在巴基斯坦，实际上有猜测还有什么藏在中国什么的。

主持人：这次本·拉登到底是怎么被抓获的，因为我们看到奥巴马说去年8月份中情局就已经向他汇报了，说找到了本·拉登的藏身之处。这次本·拉登您觉得是怎么被发现的，因为他现在据说是手机也不用，电话也不用，采取很传统的方式，人来送消息这样。

殷　罡：对，因为本·拉登很长时间，很多很多年就不打手机，然后跟踪他只能是用传统的人力跟踪，我觉得这个比较可信，就是外面有一些报道，就是本·拉登的地下交通送信的这些人被跟踪，跟踪到了他就跟踪到了本·拉登，而且本·拉登的住所非常奇怪，盖得非常坚固，而且没有任何电话线、网线通到这个堡垒里，所以它一定是不寻常的地方。

主持人：所以也引起了中情局的关注。

殷　罡：对，我觉得本·拉登最后还是疏忽了，可能是他的身体迫使他不得不住在这样的地方。

(三)插话

主持人：他这个住所具体是在阿伯塔巴德的什么地方？

殷　罡：阿伯塔巴德是个小城市，而且他的住所附近就是一个军事院校。

主持人：军事院校？

殷　罡：是，巴基斯坦的军事院校。所以刚才张将军讲的就是，一开始大家怀疑他是在阿富汗西部，后来又怀疑他是在巴基斯坦的西北部。

主持人：原来应该大家一直以为可能是在阿富汗的南部地区？

殷　罡：对。后来就有人判断他一定躲在一个城市里，因为他肾不好，需要透析，需要一定的医疗设备，如果在深山老林里，可能活几个月就完蛋了，这个判断现在看起来是正确的。这一次发现这个地点，我觉的我们中国人有一句话叫灯下黑，躲在似乎是最危险的地方，住在派出所后头这样一种地方。这个地方非常滑稽，这次对巴基斯坦军方的确是巨大的一个讽刺，似乎在国防大学家属宿舍区里边，周围还住好几个你们少将，然后本·拉登也住在那儿，还是一个违章建筑，盖得又高又大的。

二、持续发话(holding the turn)

持续发话指的是发话人利用发话技巧延续自己的发话。说话人会利用一些技巧使自己的话轮继续下去，常见的技巧包括利用连词等表示自己话没说完，或者是在自己的话轮结束前传递部分信息。

张召忠：我敢确定情报方面肯定进行了合作，现在就是巴基斯坦自己方面出尔反尔，就是他在几乎和奥巴马同时宣布，是他出动了人员去主动打的。为什么？因为巴基斯坦的一架直升机突然坠落了，是被击落了，被谁击落了？这是一个很大的疑问，将来要解释这个问题，被谁击落了。

我怀疑是不是美军也去打本·拉登，巴基斯坦也去打本·拉登，结果他们两个在打本·拉登的时候是不是被美军击落了，这是一个疑问，就是大家都抢着去打。

第二个疑问，巴基斯坦飞机坠落了以后，结果他就莫名其妙、歪打正着就把本·拉登打死了？这就没有这种事儿，不可能就歪打正着就把这个本·拉登打死了，所以最后在奥巴马发布这个消息之后，巴基斯坦的外交部出来说：不对，我们没有参加打击，我们只是在情报(方面)进行的合作。我感觉现在还是相信官方的这个消息，那就是说巴基斯坦和美国只在情报(方面)进行了合作，没有参与现场的打击，应该是这样的。

像这样有经验的嘉宾，他会采取神态表情的积极性特征，表明自己表达的欲望还很强烈，观点还没有表达完整，或者通过连词表明自己下面还有观点要表达。需要注意的是有一些嘉宾，为了持续发话，经常性地列出几个要点，比如"这个问题我有四个看法"，像这样的语言是不符合访谈节目尤其是事件性访谈的求新求快的特性的，像这种情况，主持人必须提前和嘉宾沟通，让他放弃自己既定的语言模式，重新结构他的评论话语。而且在两位以上嘉宾在座的情况下，其中一位持续发话的时间不宜过长，否则就会影响整个节目的节奏感。

三、放弃发话(yielding the turn)

放弃发话指的是说话人认为自己此刻的发话已经结束，准备放弃发话。放弃发话一般通过下面两个方式来实现。

(一)当前发话人选择下一个发话人

往往是主持人将下一个话轮的发起权交给受访者。交际各方还可以用眼神、手势、表情、动作等来指定下一个话轮的发起者。

主持人：本·拉登现在已经被击毙，"基地"现在还有没有能力组织实施大规模的恐怖活动来进行反扑？

张召忠：本·拉登对"基地"组织只是一个精神领袖，是一个符号，他生和死已经不太重要。就是他死了之后，"基地"组织的活动照常，也有可能相反，"基地"组织会组织更大的恐怖活动。

维基解密网站最近解密了一个爆炸性的新闻，就是"9·11"恐怖分子，现在关在关塔那摩基地，这人叫哈立德·谢赫·穆罕默德，这个人他说如果你把本·拉登抓住，或者把本·拉登杀了，我告诉你我在欧洲藏了很多核弹，随时可以引爆，就类似这样的事情。所以说解除恐怖分子袭击的根源并不是杀一个两个本·拉登，而是消除贫困，消除滋生恐怖分子的这种根源，这种温床，比方说不要搞强权政治，不要搞种族歧视。

主持人：本·拉登已经死了，萨达姆已经死了，美国的下一个敌人会是谁？

殷　罡：美国的下一个敌人就是新的本·拉登，还有试图做萨达姆的这种小强人。本·拉登死了，但是类似本·拉登的人还继续存在。

当嘉宾是两位以上时，主持人可以在一位嘉宾放弃发话的情况下，接过话头，通过提问的方式，再指定下一个话轮的发起者。

(二)受话人自我选择

在电视访谈节目中，嘉宾话轮的结束有时以沉默为标志，也就是说当前的说话人并没有指定下一个话轮的发起人。这时候，要么是这个说话人继续自己的话轮，要么是别的嘉宾主动发起下一个话轮，这两种情形都属于受话人自我选择为新的发话人。

主持人：所以现在很难找到这样的人物，包括现在我们之前说的"基地"人物，二号人物扎瓦赫里，好像据说也被击毙了，现在还是一个谜。

殷　罡：扎瓦赫里比他更老道一点，理论性更强一点。本·拉登是自己悟出来的，他不是一个大师级别的人物。

张召忠：现在怀疑有一个伊斯兰教派的传教士叫安瓦尔·奥拉基这个人现在在也门，现在"基地"组织在那个地方有一些势力。如果说萨利赫总统现在在的话，这个还稍微好一点。如果说萨利赫要真的下台了，将来整个"基地"势力有可能在也门会做大，就是这个安瓦尔·奥拉基这个人有可能会接过本·拉登这个班,再以也门为核心继续进行这样的活动。

嘉宾张召忠在殷罡讲话中,并不等主持人接过话题发起话轮,而是直接插话,接过话轮,让话轮继续,这在事件类访谈节目中经常出现,这样的话轮结构使得节目的节奏更快,嘉宾之间有利于形成互相探讨和争论的局面,相互对对方的观点表达看法。有时主持人甚至主动把发起话轮的权力交出,比如采取体态语、眼神、动作等示意另外一位嘉宾主动发起话轮。当然,如果嘉宾的话题偏离了核心议题,主持人还是要适时打断,重新拿回话轮发起的权力。

关于话轮转换,根据萨克斯等人的观点,其发生通常需要遵循三条基本规律:(1)当前说话人选定下一位说话人,则这个被选定的人理所当然成为下一轮的说话人;(2)当前说话人可以不选定下一位说话人,让其他任何参与者都有说话的权利,谁先说,谁就获得下一轮说话的权利;(3)当前说话人既不指定下一位说话人,也不指定下一步的会话活动,而是由其他参与者做自我选择,并决定说什么,在此情况之下,说话人也可以继续说下去,自己获得下一轮说话的权利。

由此我们可以通过对话轮转换的研究,找出主持人通过话轮转换,控制话语节奏的一些规律。话题是电视访谈的实质内容,话题的选择、引入,以及在谈话中的发展和改变话题的策略是会话结构的重要组成部分。在电视访谈节目中,主持人的目的就是要引导嘉宾按照逻辑线索行进,从而引出观众所关注的信息,因此,主持人与访谈嘉宾的话轮转换就带有明显的目的性。

另外根据话轮分配原则,话轮控制策略可大致分为两类:一类是当前的会话者选择下一个谈话人或让出话题控制权的策略;另一类是会话者抢夺话题控制权并延续自己想要谈论的话题,从而达到自己的交际目的。所以主持人在控制话轮时要应对三个问题:

(1)尽量把话题控制在自己手中,并决定话题的前进方向。

(2)面对嘉宾谈话欲望膨胀急于抢过话语主导权时,要依据其内容及时加以引导。

(3)如果访谈对象不止一个,话轮长度的分配上要倾向于主嘉宾。

第三节 电视访谈的人际传播性

人际传播是最人本的传播方式,这里说的人本,指两个方面,第一,体现人的本真状态,第二,符合人的本能接受。人际传播是原始和简单的传播方式,它之所以人本,是因为它在传播中体现了真实、自然和全息的特点。一百多年前,当大众传播尚处于初级阶段的时期,人们之间的信息沟通、社会交往、情感交流基本上是靠人际传播完成的,谈话是人际传播最主要的方式。在面对面的交谈中,人们不仅能够听到对方的语言,还能够看到对方的表情、动作、服装、服饰、环境氛围,进而能够相互感知由这些复杂成分共同构成的活色生香的谈话场,在此,人们得到的信息是全息的。人际传播的效果虽然如此完美,但是它的天然缺陷是:可以传播的范围太狭小,难以形成大范围的信息共享。电视解决了人际传播的品质和大众传播的范围、速度之间的矛盾,让两者几乎完美地结合起来。电视声音和画面同步的特点决定了它能够较为全息地记录人际传播的本真状态,电视的传播技术决定了它能够覆盖和影响尽可能广泛的人群并能实现瞬间的信息共享。在电视访谈节目中,人物在摄像机前谈话,电视观众得到的视听效果就仿佛他们在自己家的客厅里谈话一样真切,因而也调动了自己强烈的参与感——电视访谈类节目终于以大众传播的方式,实现了人们长久以来对人本化传播的渴望。这一节,我将以《半边天——张越访谈》为例,分析在大众传播语境下,访谈节目的人际传播性。

一、电视访谈节目的人际传播特点

(一)访问者与受访者的角色关系

"角色定位"指群体成员适应角色要求,接受群体行为规范,符合群体发展需要的过程。访谈类节目主持人的角色定位,是主持人在相关节目中为适应节目需要而寻找自己在节目中所处位置、所扮演的角色的准确选择。也就是说,主持人在节目中不是一个简单的提问者,也不是一个只负责开头结尾串连、中间做起承转合的人力机器。他(她)应该是一个生动、实在、带有情感的节目主体参与者,在节目进展中运用引导、提问、讨论等方式,让各种意见、观点进行交流、碰撞,使节目主题递进、深化,达到引思考、释疑惑、启智慧的作用。是"扮演"朋友的角色和嘉宾探讨交流,还是"扮演"学者导师的角色给观众讲述分析问题的关键。主持人言语的表达与体态语都能体现出主持人在节目中所要扮演的角色。节目是主持人的依托,主持人是节目的体现者、代表者、主宰者,是节目的延伸。主持人因节目而受到关注,节目因主持人尽显魅力,两者相得益彰、唇齿相依,离开特定的节目,主持人如无源之水、无本之木。

(二)访问者与受访者的角色互换

在主持人张越与嘉宾的问答中,没有虚与委蛇的客套和不痛不痒的交谈,问题是尖锐的,但问法却是善意而真诚的。在《轮椅姐妹》那期节目中,面对生下来就重度残疾,时刻面临死亡威胁而又温婉细腻的姐妹,节目串场词写得温情而充满诗意,但是问题却毫不含糊,涉及女孩孤独的童年、死亡的阴影、无望的爱情和坚持的美丽,这些问题都是关乎生命本质的,但对于残疾人来说却又是沉重而极力回避的。在谈到爱情时,张越问道:"好像有不少人都觉得,如果一个人身体上有残疾,那么他一定跟爱情婚姻这些事都没有关系,他这辈子根本不该想这个。”谈到美丽时,张越问道:“我看到你打扮得很漂亮,妆化得很得体,可是你的生活已经如此的困难了,差不多是在狼狈的生活状况中,为什么还要这样呢?”为得到最真实的反应,张越在采访中往往不惜“刺激”一下嘉宾,表面看来这些“刺激”不近人情,但背后却是张越对于每一个生命个体异乎寻常的尊重,这些问题更像是主持人把自己放在受访者的位置上而进行的自我追问。

(三)访问者与受访者的相互认知

认知,是指人们认识活动的过程,即个体对感觉信号接收、检测、转换、简约、合成、编码、储存、提取、重建、概念形成、判断和问题解决的信息加工处理过程。在人际传播中,由于可以直接进行面对面的交流,所以也存在着对对方的各种信息进行接收和存储的过程。这种认知,我认为又可以分为表层认知和深层认知,具体到访谈节目中,表层认知又可以分为两种方式:一种是访谈之前通过各种信息渠道了解嘉宾,比如他的家庭背景、教育经历、情感经历、事业历程、重大转折、性格特点、习惯爱好等,到了现场,在面对面交流之初,也会有一个表象的第一印象,比如衣着、外貌、举止、言谈风格、修养层次等;而另一种认知就是深层认知,这一点必须通过深度的访谈来逐渐挖掘,需要主持人深厚的人文功底和语言功力。张颂教授在《播音创作基础》一书中提到语言功力,并把它分为“宏阔精微的观察力、融会贯通的理解力、深刻灵动的思辨力、意象整合的感受力、精妙高超的表现力、条分缕析的鉴赏力、随机应变的调检力、应付裕如的回馈力”①。尤其在人物类访谈节目中,具备这样的语言功力,才能在访谈中对访谈对象有深层的认知,比如对对方的心理困扰、价值观、道德感、文

① 张颂:《播音创作基础》,中国传媒大学出版社2011年版,第154页。

化内涵和情感诉求的认知，这样才能够构建起一个对访谈对象的全面的立体的认知，从而让观众深度地分享嘉宾的情感体验、心理体验和文化道德观念。

中央电视台主持人张越在央视网在线互动时说：“人对人的感情，也许我没她那样的经历，毕竟我们不可能什么都经历过，但是同样作为懂得感情有过经历的人，我们尽可能体会他人的处境和心情。其实嘉宾也没有太高的要求，她们仅仅希望你能了解（她们）。我们不认为媒体有高于其他人的能力或者见识，我们都是一样的人，只有在这种情况下，交谈才是最真实的，也是最舒服的。”

在访谈节目中，对嘉宾的认知是访谈的重要因素，也是一种能力，有着举足轻重的作用。它是访谈前的准备工作，又是访谈得以顺利进行的有力保障。比如曾有一位外国记者在电影《飘》重播之际，向影片中的女主角费雯丽提出这样的问题：“请问你在电影《飘》中扮演什么角色?”费雯丽轻蔑地回答说：“我无法和你这样无知的人交谈。”可想而知，这个采访还没开始就失败了。那么，如何搜集受访者的资料，加强对受访者的认知呢?

1. 直接资料

直接资料就是由受访者提供的与其有直接关系的现成文字、视频等资料，如受访者所著的书、受访者参与活动的视频资料等。闻名世界的意大利女记者奥琳埃娜·法拉奇在每次采访前，总是用几个星期的时间做准备，阅读与受访者有关的材料和书刊，还要做笔记，写研究心得。她说，每一次采访之前都要像学生准备大考一样，准备几个星期甚至一两年。

2. 间接资料

一般是指与受访者有关的文字。就像美国新闻记者约翰·布雷迪在《采访技巧》一书中说：“经验丰富的记者一致认为，每采访一分钟，至少要准备十分钟。”[①]在如今的新媒体时代，搜集资料最便捷的方法是通过网络搜索，但是网络信息良莠不齐，要特别注意信息来源——包括作者、主办机构以及新旧程度等，以保证信息的真实性。网络固然便捷，但不能忽视书籍、报纸、杂志、影像资料等，广泛地找，广泛地看，只有掌握足够丰富的信息，才能更全面地了解受访者。

二、大众传播语境下的人际传播：多重互动

在电视访谈节目中，信息的流动是这样完成的：

一是访问者与受访者间的信息流动。这种流动是通过主持人对众多话题的选择和控制来完成的：对于紧扣主体的话题作必要的引申阐述；对于游离主题的话题要巧妙回避适当引导；对一些涉及是非模糊的认识，要适度亮出自己的观点；对一些尚未有定论涉及复杂形势的一般不轻易表态，更不宜有意渲染。在节目之外的交流中和受访者建立信任，赢得对方的尊重，也有利于节目中的交流。

二是受访者与观众之间的信息流动。包括与场内观众（不带观众的访谈节目除外）和场外观众的互动。《传播学原理与应用》一书中指出：“传播不仅仅是传播者向受传者传递信息的单项过程，而是具有信息交流的双向性质。……传播者、受传者总是处在互动之中。因此，传播者、受传者的角色是互相转换的。传播中的受传者，在反馈信息时则是传播者。同理，传播中的传播者在接收信息时则是受传者。”[②]在访谈节目中，可以开通与观众互动的方式：热线电话、手机短信和微博。把这些渠道反馈的信息带到节目中。

---

① 〔美〕约翰·布雷迪：《采访技巧》，中国新闻出版社 1985 年版，第 56 页。

② 戴元光、邵培仁、龚炜：《传播学原理与应用》，兰州大学出版社 1988 年版，第 6 页。

三是受访者与场外其他信息源之间的信息流动。比如说与前期搜集信息的记者、场外的相关人员之间的信息流动，主要通过视频连线和电话连线来完成。这种信息流动不仅仅是双向的互动，还是多个双向互动的组合，它又是在大众传播的语境中分别完成的。把受访者的话语信息传递给观众，把访问者关注的信息传递给观众，把观众的疑问、评价、分析传递给受访者，形成一个对已知信息展开探讨、分析，对未知信息共同追索的互动氛围，共同编织一张多时空多场景的信息互通的网络，而受访者与访问者就是这个访谈构建的网络的中心，网络的各个通道都是自如、通畅、流动的，所以实体的空间和精神的空间是自由开放的，这才是访谈节目的魅力所在。

如果说，最初看电视，观众只是一个被动的接受者，那么，随着时代的发展和观众收视心理的成熟，观众越来越希望通过收看电视达到交流的目的。于是，人的作用更加突出。传播者以个体的形象出现，使传播富有人际交流的特点，形成受众和信息之间的交流和互动，增加了传播的亲和力，更能体现出人文关怀。这种交流和互动：一种是主持人以未知者形象探索受访者的内心世界，激起受访者的兴趣、情感，增强节目的吸引力；一种是调动各种因素，如现场观众、场外嘉宾或场外观众，提出问题或发表见解，激起观众求知欲和好奇心，调动观众思考的兴趣。访问者往往站在观众的角度对受访者提出问题，一问一答之间，观众参与到现场采访氛围中，形成信息互动，满足观众进行交流的愿望(见图 5－2)。

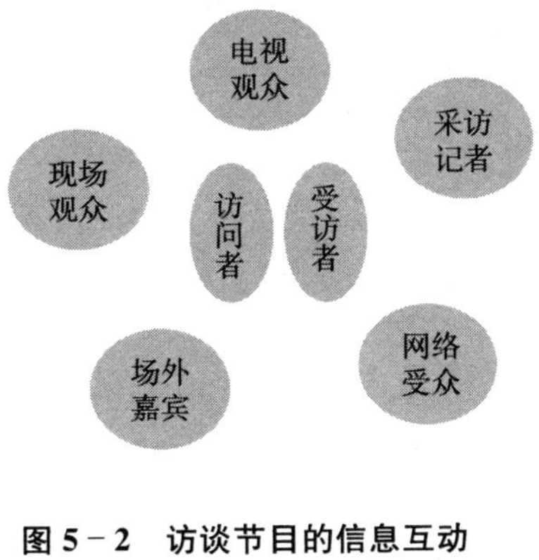

图 5－2　访谈节目的信息互动

三、电视访谈中人际传播与大众传播的关系

在传播学中，大众传播是指传播组织通过现代化的传播媒介，对极其广泛的受众所进行的信息传播活动，它针对较大数量、异质的和匿名的受众，消息是公开传播的。人际传播是指个人与个人之间的信息传播活动，是社会生活中最直观、最丰富的传播现象。它反馈及时充分、最具说服力，传播对象确定，可同时用语言符号和非语言符号手段，成效明显。大众传播和人际传播有着各自的特点，他们在电视访谈节目中的关系不是对立的，而是相辅相成、相互制约的关系。

首先，在访谈节目中大众传播是人际传播的目的，为人际传播规定方向。节目中的人际传播不同于一般的人际传播。一般的人际传播止于人际，而访谈节目将人际传播与大众传播进行了有机的融合。虽然节目过程紧紧围绕人际传播做文章，但最终目的是为了能够在广大观众中产生反响与共鸣。因此，是否适于大众传播，是决定如何进行人际传播的关键，必须根据大众传播的要求来决定人际传播的内容。

其次，在访谈节目中人际传播是大众传播的基础，人际传播的效果直接影响着大众传播的效果。访谈节目的大众传播可以看成是人际传播的延伸和拓展，只有现场的主持人和嘉宾谈得尽兴，电视机前的受众才能看得尽兴。可以说，现场人际传播的信息交流顺畅与否决定了大众传播的互动性如何；信息交流的深浅程度决定了大众传播的影响力大小；信息交流方式是否多样决定了大众传播是否具有亲和力。

最后，人际传播是使节目鲜活的基础，只有在一种正常的人际传播氛围下，嘉宾才有可能敞开心扉和主持人进行真诚的交流。人际传播的随意性和冗长性又使它必须接受大众传播的制约，否则专访节目就很可能陷入狭隘的私人领域，丧失其社会价值。一味地注重大众传播的效果而忽视人际交流的自然和鲜活就会使节目变得枯燥乏味，使受众产生排斥

的心理，同样也无法达到传播的目的。因此，只有将人际传播和大众传播的效果统一起来，才能增强访谈节目的传播效果。

第四节　访谈的“场”的构建

访谈节目要重视全方位的场信息结构，给观众以更大的思维空间。比如格式塔心理学运用场论解释知觉单元的组合。美国心理学家波林说：“我们已经看到，格式塔心理学对于整体的重视导致其弟子们应用了场论。如果场内的材料由于互相作用的场力或由于它的作用类似于磁场或电场的作用而造成形状，那么经验的项目构成结合的图形就可以有时被理解了。”[①]格式塔心理学的创始人考夫卡利用物理学“场”的概念来解释人的行为，认为行为就是一种“场”，这种场分为两大系统，一部分是环境，一部分是自我，二者不可分离，环境是自我的环境，自我是环境里的自我。他又把行为分为细微的行为（在机体内部的活动，受许多环境因素的刺激而激动）和明显的行为（大多数都是发生于外在的范围，是一种环境中的活动；环境分为地理的环境与行为的环境，并以此为基础说明心理、行为和环境之间的关系）。具体到话题类访谈节目，这个场不仅是话语场或谈话场，也是讨论场和辩论场，还是行为场和心理场。

一、语言的“场”

访谈节目要树立“场”的观念——采访的现场和过程形成一个“场”，形成一种人际交流的互动。主持人要注意引发的“开流”，控制的“截

① 〔美〕E. G. 波林著：《实验心理学史》，高觉敷译，商务印书馆 1982 年版，第 98 页。

流”——准确的小结，适时的转承，冷场时的“升温”，跑题时的逆转及最后精当的总结。比如凤凰卫视《一虎一席谈》2007年4月一期节目《中国是否应该造航母》，主持人一开场就把两位嘉宾置于对手的角色，其实是制造一个辩论的场，作为对手的两位嘉宾加上抛出冲突性话题的主持人，再加上现场各支持一方的观众，具备了谈话场、讨论场、辩论场的基本要素，当然，还少不了唇枪舌剑的语言和火花四溅的智慧。

主持人：首先欢迎退役的将军徐光裕教授，欢迎他。他的对手是中国军控与裁军协会的副秘书长滕建群，欢迎两位。将军您好，滕秘书长您好。你们两位是老同事了，先一个君子之争。（鼓掌）

主持人：老同事相逢，怎么感觉剑拔弩张的味道。一点都没有老同事的那种旧情绵绵。

滕建群：应该是。

主持人：你们的立场完全不同，您的观点是？

滕建群：我想我现在不支持中国发展航空母舰。

主持人：不应该匆匆忙忙地发展。老将军，您的看法呢？

徐光裕：不要把航母看得太神秘，它是一个常规武器，只不过是个非常大型的常规武器，容易引起人们的联想和敏感。而我们的国家在发展过程中间，因此我们的经济交往的路线已经涉及全球了。

主持人：我第一次敢打断将军发言，你看将军一说话开场白就是不一样，已经在指挥若定调动三军的感觉。不过现在先请两位嘉宾坐上PK宝座好吗？热烈掌声欢迎两位。谢谢。

我们看到，主持人和两位观点不同的嘉宾，在一开场，几句简单的对话，就把一个谈话场构建起来。要明确的是，这个场首先是一个语言的场，因为对话是这个场构建的基础。这个场是一个媒体的公共话语场，是基于沟通与交往理论而产生的公民表达话语的场所，作为一个人人享有话语权的平等交流与对话的场所，它也是多层次、多中心、多方向的不断扩展的场所。公共话语场批判性地继承了“公共领域”及“公共能量场”的思想，并有效克服了“公共领域”及“公共能量场”的不足，成为一个对所有人开放的公共竞技场。公共话语场要有效运转，必须具备如下条件：正当性的话语规则、公民意识的觉醒、宽松的舆论环境及强有力的制度保障。既然是语言的场，就要有语言场的规则，而这个规则就是：

（1）围绕话题展开对话。

（2）既要自我表达，也要听取别人的表达。

（3）以言辩理而不是语言暴力。

二、智慧的“场”

访谈的场还是一个智慧的场，主要的表现就是智慧的因素也是构建这个场的基本材料，这里边既包括主持人提问的智慧，也包括嘉宾回应的智慧，之所以成为智慧的场，恰恰是主持人和嘉宾的智慧互动，有来有往，才形成了处处展现智慧火花的话语场。比如以《百家讲坛》特别节目崔永元和易中天的对话为例，我们分析一下主持人在智慧的场的构建中所起的作用。

（一）“激活”情绪——调动激发采访对象

易中天：哎呀，不好意思，我这个可能来晚了一点，因为我突然想起我这本书忘了带出来，我去拿书去了。

崔永元：您排队买书去了？

易中天：你看什么书？

崔永元:《不过如此》。是我写的啊?

易中天:对对对,你写的,我今天也当一回粉丝,给我签个名。

崔永元:这个不能签,这个是盗版的。盗版的非常多,可能易先生的书盗版的更多。您特别熟悉这个环境吧?

易中天:这个成咱家了都。(指《百家讲坛》栏目)

这个对话中,崔永元仍然延续了在《实话实说》节目中的风格。开场,崔永元就用签名和盗版的话题,激活了采访对象,使易中天进入一种轻松幽默的语境中,而且借《百家讲坛》这个熟悉的环境拉近与嘉宾的距离:

(二)抓住活跃因素,营造活跃气氛

崔永元:其实我和其他的主持人还是有点区别的。我特别尊重被采访者。所以我第一个问题就是您有什么问题不可以问,有什么问题不方便说,您现在就告诉我。

易中天:八卦问题别问,个人问题别问,家庭问题别问,这个我已经不堪其苦,最近有几家媒体不知道哪找来三流文人,写我的爱情、婚姻、什么教育啊,写得不靠谱。

崔永元:这些问题都不能问是吧?

易中天:对,谢谢。

崔永元:谢谢大家收看今天的节目,再见。您看,观众的这个感觉,我觉得他们好像就是想听这些问题的,是吧?您看频频点头。

易中天:没有的事儿,这是你们忽悠的,你们就喜欢低估观众。

这段对话中,在易中天表明个人问题、家庭问题不能问的情况下,崔永元及时借着这一话头,接话说“谢谢大家收看今天的节目”,做了个幽默的调侃,也让现场观众在轻松愉快的气氛中进入话题。

(三)迅速提炼精髓,使话题既活泼又有思想内涵

崔永元:咱还是说历史观,历史观我是上中学、上大学这么读过来的,我的历史观就是历史是由英雄创造的,英雄是由奴隶创造的,农民起义改朝换代,一部历史就是一部阶级斗争的历史,您同意吗?

易中天:只能说历史是人类创造的,所有的人一起创造的。

崔永元:在您的概念里不划分英雄和奴隶是么?

易中天:也划分。应该说,在历史舞台上,起着主导作用的还是那些英雄人物。

崔永元:就是刚才我描述的历史体系,应该是对的吧?在我们那个年代就是这样受的教育。

易中天:历史观我觉得个人可以有个人的历史观。

崔永元:可以吗?历史观也可以个性化?

易中天:我觉得可以。因为这个人文学科的东西它没有一个什么终极真理,也没有什么标准答案,每个人都可以有每个人的看法,每个人可以有每个人的方法,每个人有每个人的读法,结论不重要。

这段对话中,崔永元和易中天探讨了历史观的问题,并且通过提问对易中天的话进行了提炼,比如易中天谈到"个人可以有个人的历史观",崔永元马上问"历史观也可以个性化?",及时总结和提炼,也是探讨,从而引出个性化的历史观的话题。

(四)机智的联想和语言的移植改造

易中天:在这之前我的历史观就是我们的比方说像《三国演义》啊,像三国的评书、还有戏剧表现的就是什么君子啊、小

人啊、好人啊、坏人啊、奸臣啊、忠臣啊。黑白分明,反正一上台你看他脸就知道,像崔永元这张脸肯定是好人嘛。

崔永元:打入敌人内部的好人。

易中天:虽然这个嘴有点歪,但是歪得可爱是吧?

崔永元:您老说我,还想问您稿费得了多少?

易中天:感情是嘴惦记着稿费呢。

崔永元:也就是说一个细节,一种气氛,或者一个契机都有可能改变历史。

通过这段对话,我们看到崔永元的机智。当易中天用反话调侃崔永元的脸是“好人”,崔永元马上通过语言的移植改造,变成“打入敌人内部的好人”,结果把一个调侃很机智地转变为对自身的幽默评价,非常智慧,同时对易中天笑话他嘴歪,他迅速把话题引到易中天禁忌的话题上,兵来将挡,以禁忌对禁忌,起到了幽默的效果。最后又迅速收回话题,做一个形象化的总结,回到主题。这样的语言效果可以说也是崔永元主持风格的常态,也奠定了他主持话题类节目的幽默自信的风格。

(五)避实就虚,拐弯抹角,达到谈话目的

比如,崔永元问易中天有什么问题是不方便说的,易中天说爱情、婚姻、教育经历等,但是这些又是观众想了解的。于是崔永元避实就虚,采取从两个人身上寻找共同点的话题开始,一步一步达到了谈话的目的。

(六)感性因素的运用

崔永元:您特别爱自己的女儿吗?

易中天:爱。怎么又绕到这儿了?这事儿和历史有什么关系啊?

崔永元:您对她的将来有设想吗?比如说她做什么?

易中天:我不设想,这是她自己的事情。她所有的事情都是自己打理。

崔永元:您希望她喜欢历史吗?

易中天:我没有希望。

崔永元:她可以不喜欢是吗?

易中天:那当然了,这是每个人的自由。

易中天:每个人都可以不喜欢历史。

这一段采访,崔永元借历史的话题询问易中天不愿意谈的私人话题,但是真的聊起来,还是能够感受到易中天对女儿的情感。

所以,对主持人来讲,智慧的场,需要实战型能力去构建——用综合素质出击,具体就是:(1)提问走向和层次的把握。(2)演绎谈话,制造高潮,并由此产生一种混合能量。比如在人物类和事件类访谈中,也包含理性话题探讨的内容,通过对一个或几个问题的探讨,通过对智慧因素的发掘、激化、深化,使得节目进程始终伴随智慧的闪耀。

三、心理的“场”

观众需要调动自己的思维和知识储备、文化背景去跟上嘉宾的思维节奏。就像格式塔心理学所讲的:格式塔在德语中就是“整体、形状”的意思,因此,格式塔理论,也被称作“完形理论”。它强调经验和行为的整体性,反对当时流行的构造主义元素学说和行为主义“刺激光器——反应”公式,认为整体不等于部分之和,意识不等于感觉元素的集合,行为不等于反射弧的循环。“格式塔”这个术语起始于视觉领域的研究,但它又不限于视觉领域,甚至不限于整个感觉领域,其应用范围远远超过感觉经验的限度,它可以包括学习、回忆、志向、情绪、思维、运动等过程。广义地说,格式塔心理学家们用格式塔这个术语研究心理学的整个领域。格式塔心理学认为，现象的经验就是整体或格式塔，所谓感觉等元素乃是进行了不自然分析的产物。现实的经验只能证明“感性的组织”。格式塔“不是用主观方法把原本存在的碎片结合起来的内容的总和，或主观随意决定的结构。它们不单纯是盲目地相加起来的、基本上是散乱的难于处理的元素般的‘形质’，也不仅仅是附加于已经存在的资料之上的形式的东西。相反，这里要研究的是整体，是具有特殊的内在规律的完整的历程，所考虑的是有具体的整体原则的结构”。[①] 用这个理论来关注访谈节目中观众对节目中话语效应的反应，不仅仅是各种感觉的简单相加，而是在充分调动已有的知识经验背景，把这些话语内容结构起来，这个整体的理解已经不是话语片段的拼接，而是话语内容的刺激下，使得观众的思维、情绪、回忆等要素被充分地结合进去，而共同对整体话语效果的“完形”。它会产生话语内容本身所无法估量的震撼效果，就像在不同的水中投下同样的石子，但是引起的波动各不相同，有的可能是“一语点醒梦中人”，有的可能是“听君一席话，胜读十年书”。这恰恰是访谈节目的魅力所在，这种话语效应的扩张，无形地扩大了每一个节目参与者和收看者的内在空间。在格式塔心理学家看来，知觉到的东西要大于眼睛见到的东西；任何一种经验的现象，其中的每一成分都牵连到其他成分，每一成分之所以有其特性，是因为它与其他部分有关系。由此构成的整体，并不决定于其个别的元素，而局部过程却取决于整体的内在特性。完整的现象具有它本身的完整特性，它既不能分解为简单的元素，它的特性又不包含于元素之内。格式塔心理学的理论核心是整体决定部分的性质，部分依从于整体。他们通过实验的方式证明感知运动不等于实际运动，也不等于若干的单一刺激，而是与交互作用的刺激网络相关，整体不等于各部分简单相加之和。

---

① 〔美〕库尔特·考夫卡：《格式塔心理学原理》，李维译，浙江教育出版社 1997 年版，第 65 页。

所以，访谈节目所构建的这个话语场也是一个心理场、行为场，这个场内的各种元素在充分地互动，而这种互动又通过节目的播出（有的是直播）而引起场外因素的附加，比如观众的信息理解、情感体验、经验附加、认知、联想等，使得演播室内的场效应向外部扩张，伴随着传播管道不断地向外部的空间延伸，使得这个场形成立体化的传播效应，从情感、心理、观念上受到深层撞击，从而形成对某些理念的认同，这也是话题类访谈节目所要达到的效果和追求的结果。

总而言之，访谈节目应该以谈话场的构建形成话语言说的张力。在多元话语力量的交叉抗衡中表现出积极的回馈意识，主持人、嘉宾、观众等各方不断挑战某方的观点，不断地打破各种成见，从而营构出三维立体的评论和访谈模式。访谈主体既有内部嘉宾，又有外部受众。大家围绕一个共同关注的话题，以演播室为中心话语空间，以现在时刻为话语时间，以嘉宾的观点和情感、态度为中心话语场向外不断辐射传播，通过一轮轮具有强大磁力的信息波传递，让受众在心理上不断产生高强度的感应和心灵震撼。同时随着场外观众的手机短信观点和网络平台留言的不断介入，在嘉宾的主体思考和社会多元思想的碰撞中，在各方智慧的交织中搅动起一个信息话语漩涡。由此，电视访谈节目真正实现了各种公共意见的承载者和传播者的角色。

第六章

电视访谈节目的主持人整合策划

电视访谈节目策划是节目运作的首要环节，分为两个层次，第一个层次是栏目策划，这是电视台和专业制作部门在栏目改版和新节目推出前面临的主要课题。栏目策划方案的好坏，对今后栏目运作起着根本的影响。有了精彩的栏目策划，才可能有精彩的电视栏目。有了成功的栏目策划，才可能有成功的节目主持人。栏目策划是从根本上回答做什么、怎样做、谁去做、如何提升、如何持久这几个问题的。栏目策划决定一个电视访谈节目的定位和品质。第二个层次是节目内容策划，一般包括以下过程：选题策划——选题立项——节目框架及文案制定——背景短片制作（有时有前期采访）——文案审定——直播访谈，在这几个环节中前馈始终在发生作用，比如专家、主持人和编导对选题进行商议，负责人审题立项决定到最后审看节目，前后期编导的采访编辑，节目的包装如提要片、图表、照片、字幕等到最后演播室直播采访都应意识到节目的受众定位，根据受众需要调节每一个环节，从而使之成为一个有机的整体。可以利用网络提前对节目的选题思路进行网上调查，对多个选题进行互动讨论，为策划的节目征求意见。

第一节　前馈与策划信息搜集中的主持人要素

电视节目的生产、流通和播出应当参照市场化的机制运作。市场是由供求双方的关系所组成的，供求关系是市场的现实内容，市场经济必须根据社会需求来确定生产数量和内容，建立合理和平衡的供求关系。电视节目作为文化产品，同样接受供求机制的约束。节目生产的数量，各类节目的比例调配，都应该建立在充分调查的基础上，经过分析论证，提出合理方案才能使节目推出后得到最大的社会效益和经济效益。由此来看，前馈在节目中的作用就显得非常重要。所谓前馈，根据控制论的解释就是尽可能在系统发生偏差前，根据预测的信息，争取相应的措施。而传播学的集大成者威尔伯·施拉姆第一次在传播学中使用并阐述"前馈"的概念："前馈——意即不仅是关于运动是如何进行的报道，而且是一个关于需要什么的报告。"①也就是指在进行大众传播之前，实现对受众的调查研究，以了解其构成、需要、行为等，以改进传播，增强针对性，提高传播效果。前馈包括以下几个方面：

观念定位：适合哪个特定的收视人群以及他们的性别、年龄、职业、收入等因素的定位。

栏目的时空属性定位：栏目时长、时段、播出周期、成长周期设计、媒体环境要求、制作水准和制作规模原则要求。这种定位常受客观环境和条件约束，因此，它常常成为栏目的基本属性。

栏目的目标属性定位：品质的定位，如收视率、满意度、知名度的原则定位。

① 〔美〕威尔伯·施拉姆：《传播学概论》，何道宽译，中国人民大学出版社 2010 年版，第 66 页。

如果说定位是个抽象的概念，那设置就是个具体的概念了。设置是定位的细分，是栏目内容按定位的原则要求所作的设计，具有原则性、合理性、系统性、准确性、逻辑性。因为既要符合这些特性，又要具体、准确而完整，实际上栏目设置成为栏目策划的第一个难点。

总体设置原则。设置原则指以定位为指针，对栏目的整体构架、内容分类、表现形式、栏目特色和风格所作的原则要求。如对栏目的节奏快慢的要求，内部结构形态是逐条串编式还是板块杂志式，主持人及其出像风格和频次如何，板块间是否作逻辑要求，小板块的制作形式是否作规范，栏目的统一风格、品格、标识、包装点的价值体现，栏目的目标属性定位的价值取向等。

设置是个难点，为克服这个难点，先制定出整体原则，一是通过它指导栏目设置，二是在完成设置后再用总体原则进行对照检查，微调修改。因此，总体设置原则其实就是栏目结构、内容、形式设计的根本指导原则。

设置原理。栏目构成即栏目的结构形式和栏目的板块设置。包含的属性有：栏目内容的构成，不同内容的板块结构，不同板块的定位、表现内容、表现形式、表现风格；包含的操作环节有，确定板块间的呼应、对比、逻辑、轻重、虚实关系，确定单元板块的定位，确定板块名称，确定栏目的基本制作风格，设计正常的制作程序、制作量，测算人力物力财力的单期成本，考察栏目营销推广的基本卖点等。其中每个属性和操作环节都有重要的意义。

以央视《今日关注》节目为例，在节目推出前听取多方面的意见，在原来《中国报道》节目的基础上，充分收集观众信息，听取观众建议，节目的推出也凝聚了一大批专家、学者和网友的智慧。受众需求层次提升，有对深度新闻背景的需求，对专业性的判断和分析的需求，针对受众需要推出这样一档专业性的节目，就是前馈作用的体现。树立前馈意识，加强对节目的策划，除了在节目推出之前对节目整体形式的定位，也包括对节目内容的策划，具体到每一期节目的制作过程当中都要重视前馈。

第二节　方案制定与实施中的主持人参与

一、主持人参与决定选题角度

美国电视谈话节目对主持人采用的是“明星”策略，把主持人包装成明星，以此来提高节目的收视率。它们一般赋予主持人很大的权力，由主持人决定选题、嘉宾乃至节目的种种设计，而节目的形式、对于话题的切入角度往往也充分体现出主持人的个性特点。在新闻类节目中，主持人直接参与制片人工作，在决定新闻节目内容的时候，扮演着至关重要的角色。而中国的访谈节目主持人大多是“内容中心制”，也就是有权决定节目的内容进程，还往往不能对选题、选题角度、前期采访到访谈过程、节目反馈等全流程拥有决定权和分配权。有些访谈节目在做市场化的努力，比如《鲁豫有约》已经实现了市场化运作和推广营销。从《鲁豫有约》的一期节目《马永红：一个大学生的梦想》策划案中可以看出编导根据主持人鲁豫的关注角度所列出的故事点。

演播室段落：

故事点1：虽然没有候选人资格，但是拥护马永红的村民依然投了他的票。

当时选票上就没有我的名字，只是空了一个空，拥护我的村民们就在选票上写下我的名字，但是对于很多不识字的农民来说很难。他们有些人就叫我永红，就干脆写上永红，这样的话，这些票都不合格。还有些人写的就是错的字。

故事点 2:第二次选举之后的心情。

第二次选举结束后,我突然不知道怎么做,因为结果出乎我的意料。我原设想农村改革有一分难度,又想应该多估计点,这样才有好处,就当它是三分难度吧,怎想做了之后才发现它竟是七分难度。

那个时候我更感觉自己如同一个受伤的勇士身披破烂的铠甲,手持带血的长矛,去开拓未知的疆域。风呼呼地从耳边刮过,长矛在地上划出或深或浅的痕迹,我不说话只昂着头颅,任泪滴落一地。

故事点 3:至今相信自己如果是村委会主任的话会干得更好。

我对我没有当选村委会主任还是耿耿于怀,如果我是村委会主任的话,我相信我会做得更好。我会按照我们大学生的思路去做。

故事点 4:为了更好地开展支农支教的工作,选择了妥协。

我为什么妥协?因为没有办法。重新选举已经不可能,我休学还有大半年的时间,寒假还有 100 多个大学生志愿者要到村里来,总这样也不是个办法。何刚已经表态要用好大学生志愿者们的热情,为村里办点实事。2006 年 1 月 5 日,村党支部、村委会、农民协会、支农支教的大学生和合兴村小学五方召开会议,签一个合作共建的协议。

我一直以为抗争是有意义,民主和发展不是用嘴说来的,而是用和平或者非和平的行动争取来的。但救国有曲线救国,支农也有曲线支农,即原则性、灵活性的结合。

故事点 5:村里人传言说对方给了钱,马永红选择了放弃。

在中国香港和中国台湾，主持人的权力要大一些，正如凤凰卫视的前主持人梁冬所言，“与内地的制片人中心制相比，我们是知识经理，制片人更像一个项目经理。”“知识经理”让梁冬体会到的好处是，主持人自身对节目的长远规划能够得到执行。

二、主持人参与决定会话结构

要使节目有竞争力，访谈节目主持人必须力求成为节目的支柱人物，即栏目制作群体的中心人物、总负责人，全面参与、融入节目制作过程，并起主导作用。中国的媒体环境正向市场化转型，目前实现起来有一定困难，但是正向这个方向努力，尤其是访谈节目，从内容层面的主持人中心制走向栏目层面的主持人中心制是为了使主持人深入参与节目，发挥引领、核心作用，增强节目竞争力。总的来说，主持人参与可以从以下方面入手。

（一）掌控流程

访谈节目主持人主导节目的最大好处是打破采编播相对分割的状况，为采编播的紧密合作创造条件。主持人掌控节目的策划、前期采访和了解嘉宾、编辑背景短片的过程，不一定亲自参加，但熟悉事件的过程和背景以及工作流程，就能抓住本质，准确运用语言和感情，说得生动，说到点子上。

（二）整合内容

访谈主持人应该发挥中心作用，安排节目策划内容，通过对访谈要点的精心组合、衔接转换，实现各单元之间的过渡，使内容层次分明、层层深入、环环相扣。主持人还可根据受众接受心理和收视习惯，将各类不同性质的策划内容交叉安排，有机结合，融为一体，使整个节目和谐统一、浑然天成。尤其在事件类访谈节目中，主持人可以对各种信息综合、分析、评论，打破过去新闻与评论分离的状态，增加信息传播的广度和深度。

（三）加强交流

节目主持人肩负引导受众、向受众提供信息的使命，为尽可能吸引受众营造交流气氛，访谈主持人并不是照本宣科地背台词，而是要围绕主题有目的地向受众传达信息和情感，通过随机应变的现场交流，创造愉悦的收视氛围。所以，在内容的策划上，应该营造主持人同受众之间直接的、密切的、比较固定的联系，受众会在心理上、感情上逐渐增强对主持人的亲近感和信任感。主持人成了节目的重要部分，其“中心”地位无人代替，这是节目质的飞跃。

（四）个性视角

优秀的主持人可以从自身与节目特点出发，努力创造出独特的风格，充分展示各方面的才能，促进节目风格的多样化。如西方的媒体就允许主持人保持各自鲜明的风格，给他们更多操作节目的权利，不按一种模式、一种基调来制定方案。而是在访谈策划中尽可能地体现主持人的视角，带有主持人的鲜明烙印。所以策划要彰显主持人鲜明的访谈个性。

（五）个性体验

主持人要有明确的节目和受众意识，发挥主观能动性，参与节目策划，增强节目的生命力和竞争力，并在策划中和策划的实施中融入主持人个性化的体验。法国电视二台的谈话节目《新书架》得到观众的喜爱，关键是有优秀的主持人伯纳德·皮沃特。他的节目充满了他个人的读书体验。为了节目，他每星期用 70 个小时阅读文章与书籍；为了多读书，他不开车而坐公共汽车或地铁。博览群书使他主持节目时胸有成竹，受到观众爱戴。

主持人深入参与节目是主持节目的基础，是实现“主持人中心制”的前提。主持人参与节目的程度有“浅层次”和“深层次”之分。所谓“浅层次”，即主持人在内容参与过程中较为被动，只能依据编导的意图行事，提不出有价值的见解或建议。所谓“深层次”，并不在于参与的量，而在于参与的质——能深入参与节目，对体现节目主题起举足轻重的作用。换句话说，主持人对节目制作的策划、内容架构等重要环节的参与程度越深，主持节目就越有主动权。因此，参与程度是访谈节目主持人成熟与否的重要标志，能深层次参与节目的主持人在节目中才能处于主导地位，从而驾驭节目，提高节目质量。

第三节 依据反馈对主持人要素作出调节

随着大众传播理论包括受众心理学的发展和电视业改革进程的加快，受众反馈也逐渐凸显其地位。传播学认为，反馈就是受传者在接受信息后做出的各种反应。反馈在传播过程中可以发挥巨大的作用，从传播者角度看，反馈可以检验传播效果，传播者可以据此调整和规划目前和未来的传播行为，因此作为传播者必须增强信息反馈的自觉性。

一、体现主持人个性的节目包装与推广

将节目看成产品，包装和推广也是节目策划过程中不可缺少的组成部分。节目被社会和观众认可的速度和程度，在相当程度上取决于包装和推广。

在节目的形式上重视包装，就像一个企业需要整套的CI策划（视觉识别系统、行为识别系统、企业理念），引申到栏目中，包括栏目的名称、栏目的标识、栏目的定位语、主持人的整体形象设计与播报方式、演播室设计、栏目的内容、编排与报道方式、与受众的沟通交流方式、栏目的目的宗旨等等整体的策划。包装不仅仅是形式的包装，也包括内容的包装。比如，笔者也给自己所主持的栏目《今日关注》写过节目宣传语："权威嘉宾的观点呈现，时事话题的深度评说，与事件同步探寻真相，您的关心，就是我们的关注"，既是对栏目的定位，也是对新闻理念的追求。

节目包装是指栏目的视觉识别系统、视觉包装、音频包装等栏目文化识别系统的设计。视觉识别系统是指栏目的名称标准、标识、话筒标志、主持人背景、记者采访服、采访车装潢及其他识别元素。视觉包装是指栏目的片头、片尾、片花、子栏目片头、栏目宣传片、栏目定位宣传片等。音频包装是指栏目主题歌、主题曲、片头曲、片尾曲、标识音符等。包装在风格、流派、主色调诸多方面的要求不同，难度上也有很大差别。

推广即通过对节目主体和节目内容的宣传，使节目尽可能快且深刻地被观众接受。节目主体是有意识地培养和推出主持人、记者和栏目本身。节目主体的推广可以通过影视和平面媒体的宣传，提高节目知名度；也可以以栏目名义做公益活动或观众互动活动。推广节目内容在于生动、形象地反映节目主题，有意识地提炼节目内容的可炒作信息，使节目内容形成社会热点、热门话题。

二、有助于主持人专业性塑造的重点内容策划

以央视《今日关注》为例，就依据节目反馈在内容设计上及时调整关注点：首先，直击热点，直击现场。现在新闻已经可以做到对正在发生的事实的报道，因此要紧追第一落点，做足第二落点，有现场的一定要及时结合现场。比如2009年年初，以色列针对加沙的军事行动，《今日关注》

每晚都结合现场画面以及最新军事行动来进行分析评论，力求做到现场事件同步、记者报道同步、演播室分析同步，及时跟踪新闻事件的发展，分析相关的影响及趋势。其次，经常性地推出重点节目和系列节目，比如《众志成城抗击冰雪系列节目》《众志成城抗震救灾系列节目》《奥运系列节目》《演兵 2008》《中国焦点 2009》《悬念 2009》《我有问题问总理》等。重点节目的作用像拳头产品一样，不仅本身就是最好的广告，而且给观众较大的信息量和视觉冲击力，影响受众的价值判断和行为意识。

从受众角度看，反馈是受众意见、需要、态度等信息的流通方式，受众可以据此更积极、更主动地介入传播过程中。但反馈滞后于传播行为，会影响传播系统的控制功能，因此在大众传播过程中尤其需要增加前馈这种回路，将预测信息与反馈信息结合起来，即将前馈回路与反馈回路耦合起来，就构成了前馈反馈控制系统，这种系统能达到较好的控制效果。受众反馈主要来源于两种渠道：一是调查公司的收视率统计，一是网络影响力。但收视率调查很难掌握受众的实际心理需求，应当拓宽反馈渠道：利用网络，及时了解观众需要；重视观众来信（包括电子邮件），并随时调整节目；开展多种形式的网上舆论调查等等。

由各省台上星和节目制作公司的出现可以看出电视业改革步伐的加快，电视台之间的竞争、电视台与节目制作公司和网络等新媒体之间的融合与竞争、各栏目之间的竞争以及国外媒体的介入，将使电视业形成一个纷繁复杂的竞争局面，这也是电视产业市场化的必然趋势。同时，受众的欣赏水平也在不断提高，不仅要收看新闻，还要看到权威性的解读。在这种大环境面前，一个栏目要想形成自己的竞争优势，必须从传播手段上下功夫，如拓展报道手段，加强内容的可视性。以央视《今日关注》为例，主持人不仅参与日常节目的策划，还参与特别节目的策划，比如每年新年期间的“悬念系列节目”“演兵系列节目”等。比如《悬念 2008》针对国际热点话题，分析其中存在的各种悬念，以及这些悬念对于未来的国际政治形势的影响等，请嘉宾进行解析，“美国会不会和伊朗开展？”“阿富汗塔利班为何卷土重来？”“本·拉登在哪？”这些都是切中受众兴趣点的选题。受众的兴趣是以他们的需要为基础的，它是推动受众接收、认知、欣赏节目的一种社会性动机，受众对自己感兴趣的节目往往表现出较大的积极性，并产生某种特定的情绪体验。积极的情绪体验会对受众的收视行为产生增力作用，从而使受众表现出全神贯注、津津有味、乐此不疲的收视行为。受众的兴趣不仅成为受众行为的倾向，而且贯穿于整个收视行为的全过程，并从受众内心使这种兴趣更加丰富和深化，从而形成固定收视习惯并积极参与反馈。

心理学研究表明，对一件事物的兴趣正是由注意、接受而逐渐培养起来的，这也是大众传播对受众行为的影响。而这种注意最初可能并不是来源于欣赏，而是来源于对他人的故事的关注与共鸣。因此，访谈策划要有意识地用电视的语言去讲述故事，设计节奏和悬念，调动受众的思维参与其中以引起共鸣。另外，背景短片的设计与制作、嘉宾评论语言的个性特色、主持人的提问角度和力度等，既要符合规律，又要有所创新。还有，在报道新闻事件时要给受众最大的信息量，立体地展现全貌，广度上予以多时空、多角度的变化，深度上广泛联系，挖掘主题，同时又给观众留有思考的余地。不仅是再现现场，还要挖掘背景；不仅是让观众认知，还要让观众思考。

第七章

电视访谈节目主持人的能力建设

第一节　新闻认知能力

一、新闻主题把握上的多维审视

客观，是一档访谈节目所应当具备的立场，也是访谈节目主持人的首要立场。虽然我们不可否认，主持人必然受到国家意识、民族意识、文化意识和政治意识的影响，不可避免带有个人化的立场，但是在进行一些影响深远的访谈时，不妨把视野放宽，对新闻主题进行多维的审视和多元化的思考。例如，CNN节目 *Larry King Live* 中拉里·金对伊朗总统内贾德的专访：

主持人：你是否理解有关对伊朗核武器的担心？考虑到地区国家的所有敌对情况，你是否理解有关伊朗拥有核武器的担心？这可能会引发一些你可能从未启动的事情。

内贾德：谁在担心？

主持人：世界在担心。

内贾德：谁是世界？谁代表了世界？美国？它的朋友？不，世界是一个非常大的地方。美国官员的错误在于他们视自己为世界，但他们并不是世界。

……

内贾德：我们的第一个问题是谁是你再次提及的世界？你的意思是内塔尼亚胡？

主持人：不，如果所有人。

内贾德：谁是世界？

主持人：如果有人向其他人投下核弹，整个世界都将受到影响，你明白这一点。

内贾德：请允许我，请允许我，你知道，在民调中，海湾地区88%的受访者支持伊朗的核活动，所以，谁在担心？

在这个访谈中，拉里·金力求客观地听取伊朗总统内贾德的看法，让世界听到伊朗对核问题的看法，尤其是内贾德指出美国和以色列不代表世界，他们对伊朗核问题的担心也不代表世界的担心，这种对新闻主题的多维审视也代表了媒体中立的立场，向受众提供多元化的观点，给受众思考的空间。

二、剖析真相的意识和能力

提问的目的是什么？目的是探寻真相。海明威说过，真实的生活比戏剧更戏剧、更迷人。所以，要从真实的世界、从真实的人当中获取真相，获取信息。无论是人物类访谈、事件类访谈还是话题类访谈，主持人都可以通过以下方式获取真相。

(一)步步推进,层层剥笋:基于逻辑的追问

拉里·金对伊朗总统内贾德的采访就有较强的逻辑性,可以划分这样几个部分,第一部分主要是追问两名被伊朗扣押的徒步旅行者的消息,目的是得到他们何时能够被释放的信息;第二部分是关于美国前联邦调查局特工罗伯特·莱文森在伊朗失踪的真相,询问内贾德是否知道他的下落,以及如果知道会采取什么样的行动;第三部分询问内贾德对伊朗因为核研究而被制裁的态度;第四部分则是询问内贾德发展核能力的态度,并借此探讨这个世界谁是谁的威胁,谁在威胁谁的话题;第五部分则探讨自由与人权等问题。这个采访逻辑线条非常清晰,由美国人最关心的个体公民的安全、被扣的旅行者和失踪的前特工的命运开始,开门见山,直奔核心,每一部分都在力求真相,有动之以情的提问,比如谈到被扣押的美国人时问"如果那是你的孩子……?",也有晓之以理的提问,比如在谈到人权的问题时,拉里·金问:"好的,就人权议题,不过,你必须承认你对学生、言论自由的捍卫者采取了严厉的打击措施,人们因为发表言论、在街头上举行示威活动而遭到逮捕,你不能说,伊朗在人权问题上有一个开放的心态,在人权问题持开放立场。你无法这样说。"以陈述的口吻隐含自己的提问,实际上是一种观点的探讨式的提问方式。比如对前特工失踪情况的追问,完全按照逻辑层次一步步展开,其中又隐含着对事件的看法和对内贾德这个人物的价值观探讨:

主持人:我们回到节目,内贾德总统将于明天向联合国大会发表讲演,美国总统也将向联合国大会发表讲演。我们将随后谈到这一话题。

罗伯特·莱文森的情况如何?他是前联邦调查局特工,他已在伊朗失踪三年了。人们从未听到有关他的消息。首先,你是否能告诉我们,他是否还活着,他的状

况是否还好？

内贾德：我认为我们应当向联邦调查局提出这个问题。

主持人：但是他是在你的国家里。

内贾德：我怎么会知道？我怎么应当知道？有许多人来到伊朗，随后就离开了。

主持人：所以说你不知道他在哪里？

内贾德：他来了又走了，和平常一样，我不知道他在哪里。

并非所有的谈话方式都能够达到有效沟通的目的，而步步推进的提问是获取资料的重要手段。专业的追问，是深谙访问技巧的访谈者通过对话式访问，揭示受访者潜隐的行为、动机、目的、态度和感受。这种面对面式的访谈是带着目的而进行的谈话。访谈的主要目的就是为了获取特殊信息，比如对方的观点、感受、思想和意愿。

(二)揭开迷雾，理性判断：基于理性的追问

这一点在事件类访谈中尤其多见，由于很多事件类访谈与事件同步直播，所以在追寻真相的过程中，主持人和嘉宾对事件如何发展处于未知的状态，而且由于事件本身的动态变化，在演播室里了解到的信息不可避免是片面的、阶段性的，所以完全依赖嘉宾和主持人对新闻背景的经验做出分析和判断，有时会出现误判的情况。访谈嘉宾和主持人都不再扮演先知先觉者的角色，而是回归大众视角，这恰恰增强了观众参与的信心，一万个人心中有一万个哈姆雷特，每个人都会对问题做出自己的判断，这种多元化的表达语境恰恰是访谈直播所希望达到的传播效果。现在的观众日趋理性，而且也多了一份包容，他们能容忍在直播中出现的粗糙的地方，也能容忍嘉宾做出的一些失误的判断，虽然观众也经常把这种误判作为谈资，但是并不影响他们对这种访谈节目的持续关注。著名军事专家张召忠曾经在人民网在线访谈时，谈到了在伊拉克战争直

播访谈中误判的原因：

张召忠：伊拉克这次战争，很多地方看不懂。我们的预测，很多网友同志也批评我，预测不准。其实大家也知道，过去有些预测准确的还是绝大多数。这次有一些特殊情况，我先跟大家讲预测是怎么预测的。预测是根据判断来的，判断是根据什么呢？判断是根据数据，是根据规律，过去打仗是怎么一回事，根据数字，要有数量的统计，过去战争有什么规律，要找出逻辑关系。还有一个很重要的是情报，当前部队的动向，企图是什么？我们能够判断，这个方法在过去判断战争基本是准确的，我感觉80年代分析战争，科索沃战争、海湾战争、马岛海战，这些判断大部分是准确的，大家可以看我的著作。这次为什么判断不准了？首先，我们过去没有搞这么大规模的直播，这次，我在直播间，看到的是美国让我们看的图像，比如说，共和国卫队出了一千辆军车，坦克装甲车辆，上哪儿去了，他们不说。主持人代表观众就问我，我作为军事专家有义务解释清楚，所以我就要告诉观众朋友，这辆军车是在沙尘暴情况下出动的，沙尘暴情况下，我会分析飞机，直升机如果出来就会磨损，会减少出动量，判断对伊拉克是一个好时机，出来以后采取什么样的作战方式我们就应该分析。到底有没有一千辆，一千辆军车有多少辆坦克？人家没有告诉你，甚至这条信息是假的。我全然不知。主持人播报了这条新闻，我就要对这条新闻进行判断、分析。所以说，这次很大的一个原因就是情报不准，没有自己的记者在前方报道。如果依据的情报是假的，我后面的分析就无法分析了，结论很难正确。所以这次好多预测没有办法准确，很大一个原因是我没有确切的情报。过去我上网，可以多种情报相互验证，在网上看资料有思考的时间，我现在在直播间，没有思考的时间，我不能让观众等着我去翻资料，所以这是一个需要观众谅解和理解的问题。

再一个，伊拉克是非常规作战，第 3 机步师的第 7 骑兵团，老是单兵突入，渡过幼发拉底河，有一座大桥，这个团越过桥，后续部队还没有跟上，这个时候，我就判断，伊拉克应该把桥炸了，如果那样的话，过桥的部队就可能被包了饺子。但伊军不炸桥，桥上炸药都绑好了，拿火点上就可以了，但就是不点火，本来应该干的事情伊拉克都没有干。地雷也是这样，弹药库里那么多地雷被美军缴获了，为什么不埋地雷呢？放在弹药库里有什么用？当官的告诉士兵埋地雷，士兵把地雷往柏油马路上一放，不往下挖坑，地雷还有效吗？没有用。所以这些问题不符合基本的军事逻辑，已经到了不是说不会打仗，而是根本不想打仗的地步，不符合作战的基本逻辑，动态情报又不准确，怎么预测啊？我们很为难，没法分析。所以这次陷入了一种困惑。

从这段谈话中可以看到，在直播中揭开迷雾理性判断的难度，主持人也可以从中总结经验：

(1)提问要以客观事实为依据，要以确证的材料为依据，而不能把未经证实的材料作为提问的依据。

(2)尽量不在事件类直播访谈中让嘉宾做出是或否的简单预测。

(3)主持人在提问中尽量不要附加自己的惯性思维。因为动态的事件中很多因素不按常理出牌。要有一个预先的心理告诫“这个事情可能并不像你认为的方式运行”。

三、质疑和求证中的客观准确

质疑是思维的导火索，是探索和创新的源头活水。具备良好的质疑素质，就能够随时产生一种追求问题答案的欲望，当创造力和求知欲被激活后，主持人就不会迷信既有的分析和评价，而是对定论敢于批判、怀疑，敢于求证，善于求证，去粗取精，去伪存真。主持人的质疑和求证要避开思维定式，做到客观准确。

在美国人布鲁克·诺埃尔·摩尔和理查德·帕克合著的《批判性思维——带你走出思维的误区》(*Critical Thinking*)中，列举了十大思维谬误。[①]我也借用这十大思维谬误，试以实践中出现的一些话语来举例说明：

(1)诉诸人身，生成谬误：通过批评其来源而反驳某立场或论证。脱口秀主持人乐于此道。例如，“官员没有不腐败的”。

(2)稻草人：为了反驳对方立场，以夸大、错误表达等方式曲解其立场，使对手陷于不利。例如，“你说黑熊取胆，黑熊并不痛苦，那假如把你关起来，抽你的胆汁，看你痛不痛苦”。

(3)源自愤怒的“论证”：顾名思义，以愤怒替代理由和判断，如政治论辩沦于对骂。例如，2006 年我在台湾，适逢“倒扁”，听到台湾的新闻访谈节目里谈到媒体找不到陈水扁时说：“陈水扁，躲到哪里最安全，我看，躲到他妈妈子宫里最安全。”

(4)威吓手段：试图通过威吓对方来证明某观点。例如，美国某电台主持人说：“应该杀死查韦斯，查韦斯是恐怖分子。”

(5)仓促概括：过于相信由小样本得出的结论。例如，“据 xxx 地的研究机构的抽样调查表明，女人比男人更容易出轨……”

(6)群体思维：任凭对某群体的忠诚来干扰对问题的判断。例如，“裁判员吹我们队犯规太多了”。

(7)转移注意力：所答非所问，避开问题的焦点。例如，新闻发布会上

---

① 〔美〕布鲁克·诺埃尔·摩尔、理查德·帕克：《批判性思维——带你走出思维的误区》，朱素梅译，机械工业出版社 2012 年版，第 49 页。

的嘉宾面对记者的问题经常顾左右而言他。

(8)一厢情愿的思维:任凭自己的喜好来判断,拒绝探讨真相,也可成为逃避现实的谬误。例如,“我觉得,北京的姑娘都特别豪爽”。

(9)诉诸公众的“论证”:认为大家都相信的就一定是真的。例如,“就像很多人都知道的,打车难就是因为出租车太少了”。

(10)在此之后,因是之故:误认为先后相继发生的事情之间就有因果联系。这一点就不用举例了,因为这完全是一种习惯性的思维方式在作怪。

美国人布朗和基利合著的《学会提问——批判性思维指南》(*Asking the Right Question——A Guide to Critical Thinking*)当中提到几种推理的逻辑谬误,掌握了这些逻辑谬误,可以及时发现访谈嘉宾站不住脚的观点,从而掌握话语的主动权,增强掌控现场的自信心。

(1)移花接木谬误。关键词发生了转变,在论点和论据中使用了相同的关键词,但是关键词的含义却不相同。

(2)虚假两难困境。人为制造只有两种选择的假象。比如“你认为马英九选举获胜对两岸关系是好还是坏?”

(3)自然谬误,把“应当”等同于“是”。比如,有人认为不应当限制儿童电视节目中的商业广告。如果广告具有欺骗性,父母应当改变频道或者干脆关闭电视。事实上,父母的确“应当”这么做,可是大部分父母“是”没有这么做。

(4)命名谬误。通过给某个事件或行为命名来作为论据,其实可能除了提供一个术语,什么也没有解释。

(5)诉诸情感。就是使用明显的积极或消极的词语来引导读者直接认可或反对作者的观点,而不是去认真关注理由。比如在前述思维谬误(3)源自愤怒的“论证”部分举的评论陈水扁的例子。

(6)循环论证。这点特别隐蔽。看似访谈嘉宾论证严谨,其实只不过把论点的话重新组织一下,等于什么也没说。

(7)未经证实。也就是说,论据本身未经证实,却用来证明主要论点。看似言之凿凿,其实,漏洞百出。①

之所以列举这些逻辑谬误,就是为了说明批判性思维的养成是非常不容易的。在传媒文化消费的时代,人们没有时间去仔细辨别媒体传播的信息中的逻辑是否准确,从而经常性地被一些站不住脚的论证方式和靠不住的结论所诱导。在这种情况下,作为一个有责任感的访谈节目主持人,一方面有培养观众批判性思维的义务,另一方面也应该在访谈中尽量避免思维和逻辑方式的谬误,不做主观的、情绪化的、虚假的论证,尽量保持客观的判断和对人物或事件尽量公允的态度。

第二节　情感沟通能力

一、激活情绪

(一)激活访谈现场气氛

现场是访谈最核心的元素之一。心理学研究表明,人类最高级的感知形态是身临其境,直接参与到事件的进程中去。访谈的独特之处就在于能真实呈现现场,以强烈的人际化传播方式和现场感把观众带入现场语境,给观众以亲身参与的兴趣,进而调动他们的情绪。所以,作为访谈节目主持人,如果是不带现场观众的访谈,就要注意营造与嘉宾的对话氛围;如果是带现场观众的节目,一定要时时有调动现场观众参与的意识,

① 〔美〕布朗、基利著:《学会提问——批判性思维指南》,向晋辉等译,中国轻工业出版社 2006 年版,第 38 页。

比如在节目的一开始就进行热场，让观众进入访谈场的节奏当中。《鲁豫有约》的一期节目《幸福由我传递》，鲁豫在节目开始就和现场观众互动，一方面为嘉宾出场制造悬念，另一方面就是引出话题，使现场观众对话题有强烈的参与感，请看鲁豫的开场白：

在节目开始之前，我想先了解一下现场的观众朋友们，哪些朋友现在是单身？举手看看，哪些朋友现在很想结婚的？看来还不少，那么你们来这次节目来对了，因为我们这期节目的两位嘉宾，他们一个能给你们介绍对象，接着一个能给你们张罗婚礼。那么我们先来认识第一位嘉宾，她被大家称作金牌红娘。

（二）激活嘉宾的话题兴趣点

访谈面对的是不同的人，和不同的人对话，话题的兴趣点也不同，你和这个人谈话，可能会觉得“知心的话，万言不赘”，但和那个人谈同样的话时可能“话不投机半句多”，因为众人的性格、心理、年龄、身份、习惯和知识面等都有所不同。话题不合适，或因其遇到话题禁忌，或因其不感兴趣，或因其阅历不及，或因其不专业不熟悉，这样的谈话怎么可能继续下去？我们看看中央电视台财经频道《对话》栏目主持人陈伟鸿是如何做的：

主持人：哇，中文也说得非常非常地流利。刚才我们和现场的各位一块看了您在《全球降温》这部影片当中的表演，所以我特别想要知道一下，您觉得自己在这部影片当中的演技怎么样？

布莱尔：如果让我选择的话，我想我还是选择做政治家，我更擅长政治，但是我在很小的时候曾经想当演员，所以能够参演影片还是不错的。

主持人：基本上是梦想实现的一个时刻，如果满分 100 分，给您的演技打打分，可以打多少分？

布莱尔：我想应该问观众吧，如果是十分的话，我给自己打三分，但是也许我对自己太苛刻了。

主持人：我们常常说观众是最好的评委，所以他们热烈的掌声给您的演技打了一个很高的分，而且我想这样的掌声也让布莱尔先生非常满意，您看，脸上的笑容多么地灿烂。当然我想，大家除了对您的演技比较关注之外，还特别好奇以您这样的身份，为什么会愿意去出演这样的一部影片？

布莱尔：我们在寻求一种新的方式，向人们传递有关气候变化的信息，因为如果你仅仅坐在那里宣讲，实际上很难吸引大家的注意，尤其是让年轻人对你说的感兴趣，所以我们决定尝试一种新的宣传方式。

主持人：所以这样的方式真的是别开生面，所以我想在很长的一段时间当中，您一直都在思考这个问题，但是您自己刚才也说了，为了这部影片的角色准备了十年，为什么需要用这么长的时间来准备？

布莱尔：我们最开始关注这个问题的时候，那是 12 年前的时候，你很难让大家相信气候变化是一个很严重的问题，更不用说让大家采取行动应对问题，后来英国最先签署《京都议定书》，而且也是最早达到规定目标的国家。但是当初说服英国人非常难，所以我们要做很多的准备，一直到十年后我卸任首相之后，大家才达成共识并开始采取行动。

主持人：我知道很多关注全球气候变暖的人士，他们都是因为去过南极、北极这样的地方，看到因为全球气温的升高，冰层开始融化，然后他们开始对这个问题有了关注，您也是有过这样的经历吗？

布莱尔：我没有去过南北极，但我可以告诉您关注的原因。我1997年成为英国首相，当时有一些英国顶尖的科学家来见我，包括英国政府的首席科学顾问，他给我看了一些体现气候变化的图片，告诉我全球气候正在因为人类的活动而发生着变化。

在这段访谈中，陈伟鸿紧紧抓住布莱尔亲自参演的影片《全球降温》，分别提问为何出演，为何准备时间很长，是否有过影片中的经历等等，激发嘉宾的谈话兴趣。这也说明，嘉宾感兴趣的话题往往是他最熟悉的，可以围绕这些话题做采访前的准备，以便在节目中激发嘉宾的谈话热情。总体说来，话题兴趣点一般有：第一，他亲自经历的事。第二，他最了解的事。第三，他最亲近的人。第四，他最得意的事。第五，给他带来人生转折的事。第六，最近刚发生的与他有关的事。第七，有关他的误读。第八，有关他的质疑。第九，“绯闻”。通过这些话题的选择来激发嘉宾的谈话欲望，达到激活话题兴趣的目的。

二、幽默互动

“幽默”一词源出《楚辞·九章·怀沙》中“孔静幽默”，表示寂静无声，而这里探讨的现代意义上的“幽默”则是20世纪20年代林语堂先生由英文的“humour”音译而来。幽默的概念及其界定，用喜剧理论家康格里夫的话讲，有多少人，就有多少种意见。幽默是人类的特产，是人类智慧的灵光，对幽默的摄入量和释放量可以折射出一个人乃至一个国家、一个民族的文明程度。我们的生活中充满幽默，我们的生活更需要幽默。幽默影响主持人与嘉宾的情感沟通，一句幽默的话语可以化解尴尬，也可以拉近主持人与嘉宾之间的距离。

“幽默有广义与狭义之分，在西文用法，常包括一切使人发笑的文字，连鄙俗的笑话在内……在狭义上，幽默是与郁剔、讥讽、揶揄区别的。这三四种风调，都含有笑的成分。不过笑本有苦笑、狂笑、淡笑、傻笑各种的不同，又笑之立意态度，也各有不同。有的是酸辣，有的是和缓，有的是鄙薄，有的是同情，有的是片语解颐，有的是基于整个人生观，有思想的寄托。最上乘的幽默，自然是表示‘心灵的光辉与智慧的丰富’，……各种风调之中，幽默最富于感情。”①幽默在访谈节目主持中是非常好的情感沟通方式，可以运用以下几种手段：

(1)通过语言的修辞手法达到幽默效果，比如夸张、对比、借用、双关等。

(2)通过自嘲的方式达到幽默的效果，典型的表现就是台湾主持人凌峰形容自己长得对不起观众：“中国五千年的苦难都写到我的脸上了。”

(3)利用现场元素制造幽默效果。

(4)通过逆向思维解构固定思维方式和惯性常识来制造幽默。

幽默是因为“出人意料”，“匪夷所思”，或夸张，或奇怪。这无不是逆向思维的结果。就是不按常理出牌，摆脱正常思维，出其不意，让人有意外的惊喜，让人哭笑不得。与解构固定思维方式差不多的是打破惯性常识，把常识性的一件事、一个人、一样东西，用夸张的词语、不协调的语句表达出来，将其夸张到极致，便能得到意想不到的效果，让人感到好笑。

比如《实话实说》的一期节目《一块钱的官司》，这期节目本身的选题就有一定的幽默效果，为了一块钱打官司，本身就是有违我们的惯性思维的，那么如何从轻松幽默的对话中表达出理性的思考，就看主持人的智慧了。

---

① 林语堂：《林语堂经典作品选(论读书论幽默)》，当代世界出版社 2002 年版，第 73 页。

主持人：我觉得您的做法很奇特，一般的人肯定会在大街上把书一扔，那一块钱就当被小偷偷了，然后就回家了。您为什么咽不下这口气，还要郑重其事地打一场官司？为一块钱打一场官司？

嘉　宾：这个，我想一块钱是很小的，对谁来说都不会很在乎。但是我想这就像澳门，我们要把澳门收回来一样，是不是？据说澳门是16平方公里，很小的地方用不着收。（笑声）

主持人：跟咱们国家大的版图来比，也不是多大一块地方。

嘉　宾：那我们国家为什么要不遗余力地做这件事呢？我想它是一个国家主权、民族尊严的问题，我这一块钱……

主持人：所以您就决定在澳门收回之前，先把这一块钱要回来。（笑声）

嘉　宾：这也许是我的澳门吧。

主持人：您的书中少的那32是什么内容，您可能也不知道？

嘉　宾：无从知道。

主持人：我猜可能它在讲一块钱的官司不该打。（笑声）

这一段采访，三处笑声，第一处笑声，嘉宾把一块钱的官司之小事，和澳门特别行政区虽小但很重要来类比，产生了一定的幽默效果，也显示了嘉宾的智慧和执着。第二处笑声，主持人采用了夸张的手法，隐含的夸张意思是“澳门收回来之前，一块钱要要回来，这一块钱看来不比主权的问题小”，这样的夸张含义自然引发幽默的效果。第三处笑声恰恰是利用了现场元素嘉宾的书，假想书里有“一块钱官司不该打的内容”，制造了反差的幽默效果。这些幽默，对于缓解嘉宾的紧张情绪，激发嘉宾的谈话兴趣，拉近与嘉宾的心理距离都起到了良好的作用。所以，幽默在访谈节目中，是非常好的情感沟通的手段，也是主持人情感沟通能力建设的一个必不可少的因素。

从情感沟通的角度讲，幽默感的基础是亲切感，所以在访谈中可以通过幽默感来进行情感沟通：第一，对人性化萌态的关照。萌态会激发人类的亲切关照。因此可以说，幽默感是一种以高见低的亲切感。第二，要拓展视野。知识积累到了一定程度，与不同的人在各种场合接触就会胸有成竹、从容自如。培养高尚的情趣和乐观的信念，一个心胸狭窄、思想消极的人是不会有幽默感的，幽默属于那些心胸宽广、对生活满怀热情的人。提高观察力和想象力，要善于运用联想和比喻。多参加社会交往，多接触不同性格的人，增强社会交往能力，也可以使自己的幽默感增强。第三，要换位思考。在制造幽默效果的同时，也要考虑访谈对象对幽默的理解程度、接受程度和反应程度。换位思考，就是站在访谈对象的角度看，你的幽默有没有造成对方的尴尬，有没有伤害到对方，经过换位思考的幽默才能真正求得对方的共鸣。

三、倾听内心

最好的倾听是真诚的回应，有时是此时无声胜有声，有时是心有灵犀一点通。一个访谈节目主持人应当是一个善于倾听的人。这里的“听”，不仅指耳要听，更指心要听。对于访谈节目主持人来说，重要的不是展示自己口才有多好，而是善于调动嘉宾、观众情绪，使嘉宾进行真实畅快的意见表达，让观众情绪饱满地观看节目。首先，真诚的倾听是对主持人的基本要求。真诚的倾听是对参与节目的嘉宾和观众的尊重，也是对其陈述的肯定与鼓励。嘉宾感觉到主持人在倾听的时候，才会讲出自己真实的想法。其次，用心倾听才能把握好节目。谈话过程中会存在各种分散注意力的因素，主持人只有摆脱这些干扰因素，才能头脑冷静、精神集中、态度认真地专心倾听，才能把各种表述全部听进去，为把握好节目打下基础。在专心倾听的同时，主持人对于倾听到的内容可作“强行记忆”。比如在节目现场，主持人在听完一些嘉宾或现场观众的自我介绍后，能够记住他们的姓名、工作单位或一些简单的情况，或是嘉宾谈论的一些独到观点，或是观众发言的相关趣事。这些记忆就会适时地运用到稍后的节目中，使节目妙趣横生。

主持人在倾听的同时，需要思考话语的衔接、贯穿以及如何去结束、连接嘉宾及观众的话。比如，一个话题应该结束时，主持人要善于自然地承上启下，引入下一个阶段的谈话；当嘉宾一时语塞的时候，主持人要给予提示、铺垫，避免冷场的出现；当嘉宾滔滔不绝，或是已经偏离主题的时候，甚至出现了不适当的话语时，及时地予以引导、纠正乃至制止；当嘉宾和现场受众的对话发生冲突时，主持人应主动协调气氛；等等。

美国电视脱口秀女主持人奥普拉·温芙瑞是美国电视、文艺界中最负盛名的主持人。她的成功靠的是什么？很重要的一个原因就是奥普拉仔细地倾听嘉宾们的谈话，并且利用谈话的内容把主题步步引向深入。我国的《半边天——张越访谈》也是一档最能够体现主持人的真诚倾听的节目。一个好的访谈节目主持人应该像一个出色的心理咨询师，善于倾听，注重引导，并能理性地分析，归纳，关注个体生命状态，充满人文关怀。就像心理学家荣格所说："人类存在的唯一目的，就是要在纯粹自在的黑暗中，点起一盏灯。"

第三节　语言调控能力

访谈节目围绕某一话题展开，话题是该类节目的信息核心。作为访谈现场的实际组织者的主持人对于话题的掌控情况直接影响到节目传播效果的好坏。对话题的选择、分析、组织等工作是保证节目有效传播的首要条件；节目现场，主持人按照前期预设对话题逐层展开，兼顾受访者及现场观众(也包括场外观众)的反馈,对突发情况作巧妙调控,都是主持人话题掌控的高超表现。话题掌控考验了主持人对于节目主题的认知质量。话题掌控一定程度上影响着主持人的心理状态及话语表现。良好的话题掌控有助于主持人轻松调试临场的心理状态,也有助于其临场语言的灵活表达。反之会导致节目话语流的失控与停滞。这种掌控是对主持人的语言功力的考验。张颂教授称语言功力“就是语言的功底和能力”,“包括宏阔精微的观察力、融会贯通的理解力、深刻灵动的思辨力、意象整合的感受力、精妙高潮的表现力、条分缕析的鉴赏力、随机应变的调检力、应付裕如的回馈力”①。在访谈节目中,主持人对于话题的分析理解,与受访者的交流互动,访谈现场的随机控场等等,都需要“语言功力”的综合调控。语言功力的强弱对于访谈节目中主持人的言语控制至关重要。从王志在《面对面》节目中采访易中天所面对的挑战和应对可以看出,访谈挑战型嘉宾时,具备相当的口才和智慧,才能进行有效调控。下面结合《面对面》节目中王志对易中天的访谈,谈谈语言调控能力的把握。

一、话语逻辑的把控

在访谈的时候,可以有意识地把将要进行的话题分解成几个有递进关系的分话题,并按由此及彼、由浅入深的关系安排层次,这种布局叫做层进式。层进式结构中各个层次、段落之间的前后顺序有内在的紧密联系。这种话题布局的好处是体现出严密的逻辑思维能力,使访谈步步深入。在具体操作时有两种方法:(1)由此及彼,环环相扣。(2)由浅入深,层层深入。所以必须对话题的层次有全盘的认识,了解话题之间的关系是由浅入深、由小到大还是由表及里。

① 张颂:《播音创作基础》,中国传媒大学出版社 2011 年版,第 157 页。

主持人:为什么你现在最火,易中天的诀窍在哪儿?

易中天:很简单,我就是我平时怎么说话,到了那儿我还怎么说。

主持人:但你听到过对你的批评吗?

易中天:我倒希望他面对面坐在这儿来批评,没有人来。

主持人:为什么招致那么多非议呢?

易中天:喜欢和赞成的人越多,不喜欢和不赞成的声浪也就越高。

主持人:能不能在《百家讲坛》继续看到易老师的讲座?

易中天:由雇主说了算,雇主是谁呢?观众。

设置逻辑陷阱,最后用一个与结论相悖的事实提问,恰恰为了让嘉宾证明这个逻辑结构在新闻事实中是能够成立的。比如:

主持人:我们走进这个房子里的时候,有人告诉我们这里是富人住的地方。

易中天:不是,我楼下也住着出租车司机呢,我这个房子刚开始的时候价位并不高。

主持人:但是现在易老师在人们的心目中,您已经属于有钱人的行列了。

易中天:(笑)什么叫有钱,多少钱叫有钱,其实比我有钱的多了去了,一个教书匠凭着自己的劳动挣了一点钱,怎么就撑破了新闻界的眼皮儿了。

主持人:但是银行里存折数字的变化,你晚上睡得好吗?

易中天:这有什么睡不好,我根本就不知道它在怎么变。

主持人:怎么说?

易中天:我是不知道,我又不去查账,又不看,一切都是电脑在自动处理,包括出版社的版税也是直接打进账户,我又不去查。

二、话语节奏的把控

1. 由追问引起的快速、精炼的节奏

主持人：想到过有这样一种效益吗？

易中天：哪一种效益？

主持人：名、利。

易中天：哎呀，我就奇怪了，这个媒体啊，包括平面媒体，也包括你们电视台，还包括阁下，怎么都关注这两个字，这难道就是当今老百姓最关心的事吗？不会吧。

主持人：可能跟我们平常心目中的学者形象有很大的反差。

易中天：意思就是说大家公认学者就该穷，是不是这个意思？

主持人：还有一个动机的问题。

易中天：刚才您提到那两个字"名"和"利"，它是副产品，搂草打兔子的事，现在没看见我搂草，都看见我打兔子了。

主持人：那你看到电视上的自己时会不会觉得陌生呢？

易中天：没有。

2. 由反问和诘问引起的冲突、紧张的节奏

主持人：为什么要加这个尾巴呢？

易中天：调侃。

主持人：调侃跟学术有关吗？

易中天：当然可以调侃，学术的这个观点可以用各种方式来表述，调侃就是其中一种。

主持人：但是如果没有这些调侃呢？易老师的报告还会有那么多人去听吗？

易中天：我估计恐怕没有，如果我也拿一本学术论文在那宣读的

话，恐怕台下就走光了。

3. 由询问和探讨引起的缓和、舒展的节奏

主持人：那你怎么给自己定位呢？你是一个传播者，还是一个研究者，还是一个什么。

易中天：最怕这种问题。（笑，思索）我是一个大萝卜，一个学术萝卜。萝卜有三个特点，第一个是草根，第二个是健康，第三个是怎么吃都行，你可以生吃可以熟吃，可以荤吃可以素吃，而我追求的正是这样一个目标：老少咸宜，雅俗共享，学术品位，大众口味。

三、话语承载的心理内涵的把控

为了更准确地理解访谈对象的话语信息和背后的心理内涵，提问时要深浅适度，感性表达和理性表达相结合。

（一）不被嘉宾刺激，避实就虚

主持人：你感到舒适吗？

易中天：说实话吗？

主持人：当然说实话。

易中天：有时候舒适，有时候不舒适。

主持人：不舒适是什么时候，舒适是什么时候？

易中天：不舒适就是碰上一档无聊的节目，一个蹩脚的主持人，问的一堆八卦的问题，你答也不是，不答也不是，就很不舒适。

主持人：但《百家讲谈》不一样。

易中天：《百家讲谈》它没有八卦问题，它第一没有主持人，第二

没有八卦问题，所以《百家讲谈》很舒适。要知道我是一个热爱教学的教师，他在这种职业当中能够体验到一种快感。

主持人：你听到过对你的批评吗？

易中天：听到过，没有当面的，我倒真希望他真能坐在这儿面对面地批评，没有人来。

比如这段采访，王志其实一开始就是从挑战性较大的学术致富的问题开始问起，这显然有些挑衅的味道，而易中天也确实对这样挑衅性的问题产生了一些对抗，甚至说出了“不舒适就是碰上一档无聊的节目，一个蹩脚的主持人，问的一堆八卦的问题”这样充满对抗性的话题。显然王志也意识到了易中天对这个问题的对抗，迅速调转枪口，开始了学术争议的话题，并且用“你听到过对你的批评吗？”这样的问题来避实就虚，这也是一种心理暗示，那就是，你能不能接受对你提出的质疑。所以，掌握嘉宾话语背后的心理内涵，并及时通过对话来把握话语的弹性和空间，调适话语心理，遇到心理冲突太强烈时，也可以采取方法进行调控。

（二）刺激嘉宾适度，消减火力

主持人：也有学者批评你把历史通俗化、庸俗化。

易中天：有例子吗？有证据吗？

主持人：你拿现在现实生活中间发生的一些过去压根儿就没有的垃圾股、绩优股这样的词套用在历史人物身上。

易中天：这些学者读书不多吧，这个做法古已有之啊，早就有人在做了，不是我的发明，比方说：史学大师吕思勉先生的《三国史话》里面就讲到了说做郎官就是去做公务员，而我这种方式被电视放大了，才会引起这么大的争议，所以我说这种问题都是不争论，道理就在这。

主持人：如果说是学术的话，就应该严谨，但是易老师在讲课中间，很多是带有想象的、猜测性质的。

易中天：比方说？

主持人：按照《三国志》的说法，刘备和关羽、张飞是寝则同床，恩若兄弟，这三个人寝则同床之时他们的太太在哪里？

所以，在拷问关于学术的娱乐性等问题，易中天的对抗性明显减弱了。等到进入问他个人经历的部分时，易中天就已经相当配合了，虽然王志仍有挑战性的问题，比如如何看待“学术超男”的称呼，但易中天已经能笑着面对了。这是一个节目由紧到松的整体过程，但是在访谈的每一个段落，心理的节奏有紧有松，确实给人一种心理的起伏和理性的张力，并给人以娱乐和审美的享受。

第四节　文化发现能力

访谈节目归根结底是通过人物的故事和情感表达，通过对事件本身的各种复杂关系的梳理和解析，通过对社会现象所做的话题性的思考和探讨，串联起这些人物、事件、现象所负载的文化内涵和特质，尤其是本土文化、中华文化的特质，以及从中国角度对国内外事件所做的价值评判，从而让人感受节目所代表和传播的本土文化价值在全球化的大背景下所呈现的景观。所以，文化发现能力包含以下两个方面。

一、发现人物符号所承载的文化内涵

媒介能够通过对中国文化负载者——即一个个鲜活的影响力人物、一个个热点事件的评论人士、一个个新闻事件的当事人、一个个热点话题

的思考和评论者，还有众多的直接和间接参与的受众，阐释和凸显本土性与中华文化之本质。不论他在何种访谈节目中承担何种角色，他都是一个活生生的文化符号，承载着中国的文化信息，这些文化信息，有的可能是通过人物的内心世界呈现人物的人文内涵，有的可能是通过嘉宾对新闻事件的评论凸显中国文化背景的价值判断，有的可能是通过对某种现象的话题式讨论呈现多元化的文化观点。总之，每个人的表达都具有自己的显著特点，也都显现着中华文化作为依托的民族文化背景和价值观。所以主持人应该发现并强化访谈中的各种类型的人物所承载的文化内涵。

二、传播本土文化和价值的意识

媒介可能在其呈现的全球景观中削弱地方的影响力，淡化本土性和民族性。浙江大学教授邵培仁先生曾谈到："在影像社会中，媒介为我们制造了各种感知和体验方式，借以维护地方的本土性。但这种体验遭遇电子媒介，特别是资本所具有的加乘性媒介（mediating agency）的作用，事情就发生了一些变化。电子媒介和网络媒介跨越地理边界生产了一种"无地方感"（no sense of place）的社群，以及一种异化的感受和再现方式，对实质性的人际交流模式构成了冲击，从而不仅改变传统交流方式也改变了固有地理边界。媒体对时间和空间的压缩使得世界逐渐连成一个"地球村"，影像的全球化传播使得本土性逐渐削弱。但同时，层出不穷的媒介样式催生了"新地方感"（new sense of place）。人们可以经由媒介提供的认同方式，形成新的地方体验，进而重塑本土性。"①我们知道，中国传统文化有着深厚的底蕴，对于代代相传的国人来说比较熟悉且易于接

① 邵培仁、杨丽萍：《媒介地理学：媒介作为文化图景的研究》，中国传媒大学出版社 2010 年版，第 90 页。

受,然而要使其得以广泛对外传播,一定要注意其内容的选择,把一些具有文化共性的东西宣传出去,再带动一些民族性的东西,逐渐渗透,从而使中国文化发扬光大。所以作为访谈节目主持人,不论主持何种类型的访谈节目,应该在节目中有意识地塑造和形成与本土文化有关的元素,比如话题内容的文化元素的选取,比如演播室环境的本土文化特色,比如访谈互动和演播室行为设计中的本土文化实物的介入等等。

当然,强调民族性的同时,还应兼顾世界性。一种文化只有宣传出去了,才能发挥其对国家软实力的作用。其实,中国文化博大精深,可以挖掘的东西很多,可以细化的东西也很多。比如中国的"和"文化,"和平共处""和平发展""和谐世界"等文化理念应是传播重点。中国的"亲情""仁义"等观念都是中国传统文化的精髓,也逐渐被西方社会所接受并效仿,应该多加宣传。

第五节　访谈训练方法

要明确的是,没有一个访谈主持人是单纯通过语言和思维的训练而产生的,他们往往是在新闻工作岗位上,结合多年的工作经验,结合对新闻事件的背景研究和价值判断而逐渐形成个性化的传播特点,但这并不是说训练方法就不重要。掌握了访谈训练方法,对于走上工作岗位后迅速适应新闻实践,提升新闻采访能力,掌控新闻对话形态都是有助益的。

一、提问法训练

(一)询问

询问的含义有两个,一是征求意见,打听;另一个是解释,观看,察看。

询问可以分为开放式询问和封闭式询问两种。开放式询问指的是提出的问题没有预设的答案，受访者也不能简单地用一两个字或一两句话来回答的问题。通常使用“什么”（原因）、“如何”（过程）、“为什么”（获得事实、资料）、“能不能”（自我剖析）、“愿不愿意”（征求意见）等词来发问，让受访者就有关问题、思想、情感给予详细的说明。一般，带“什么”的询问往往能获得一些事实、资料。仅仅用“什么”引导的询问句，重心就可能仅限于事实与信息的获得上。而只用“为什么”起始的问句，则往往使受访者把注意力集中于挖掘过去的经验来解释有关的事实和行为。封闭式询问是指提出的问题带有预设的答案，求助者的回答不需要展开，从而可以明确某些问题。封闭式询问通常使用“是不是”“对不对”“要不要”“有没有”等词，而回答也是“是”“否”式的简单答案。这种询问常用来收集资料并加以条理化，澄清事实，获取重点，缩小讨论范围。当受访者的叙述偏离正题时，主持人可以用封闭式询问中止其叙述，避免会谈过分个人化。以拉里·金采访内贾德的访谈为例，看看拉里·金询问在伊朗失踪的美国特工人员的下落时采取了什么样的方式：

主持人：你知道，他的女儿将于周六结婚。

内贾德：我就她结婚表示祝贺。

主持人：如果她的父亲能够出席，那将是非常美好的。

内贾德：我对她表示同情，肯定，她父亲能出席将是一件很好的事情，我希望那样的事情能够发生。我认为，美国联邦调查局应当在这件事上更加积极，找到他们的特工。

主持人：你知道，总统先生，如果那是你的孩子，如果你的孩子之一越过了另一国的边境并遭到扣押，你将会非常担心，你将要求尽快处理案件，是否是这样？

从这段访谈可以看出，开放式询问可以采取三种方式，第一，可以采取动之以情的方式,比如“他的女儿将于周六结婚”;第二,采取假设式的询问,比如“如果……,那将……的句式来询问”;第三,采取换位思考的方式,也就是“如果你是……”或者“如果那是你的……”。同样是询问,可以采取不同的方式,营造在谈话中询问的语言场。其中也有封闭式询问,即“是否是这样”,主要是为了求得一个确切的答案。

(二)反问

反问是用疑问的形式表达确定的意思,以加重语气的一种修辞手法。反问只问不答,答案暗含在反问句中。人们可以从反问句中领会到表达者的真意。运用反问,可以起到加强语气和发人深思的作用。比如我们可以用“这难道”“那谁能”作为开头来提问,例如,“这难道不也是违反国际法的行为吗?”

(三)追问

追问,顾名思义就是追根究底的查问,多次的问,针对一个问题连续地发问。往往是设计一系列逻辑上联系较紧密的问题,进行由浅入深、由表及里、由此及彼的连续发问,提问的节奏呈现短平快的特点。比如《焦点访谈》特别节目《在路上》,采访乱收费的交警,记者提问“这是你该收的钱吗?”“这是在你的职权范围之内吗?”

(四)讯问

明显带有责问和审讯的意味,也称“检察官式提问”。当然有主持人把它作为一种风格。最具代表性的就是美国哥伦比亚广播公司的《60 分钟》节目主持人迈克·华莱士。比如 2006 年 8 月 13 日,距离退休只有两个月时间,87 岁高龄的华莱士采访伊朗总统内贾德,华莱士不断抛出内贾德所宣称过的言论“把以色列从地球上抹去”“纳粹大屠杀不存在”等逼问内贾德，内贾德招架不住，强行叫停采访。这种讯问式的采访有时会显得粗鲁，比如他曾当面问美国著名歌星芭芭拉·史翠珊是不是常被人称作“贱女人”，让她当场落泪。比如他访问美国总统约翰逊：“你让那场战争失控了，越战强暴了你，总统先生，然后你强暴了美国，你该谈谈这个事情”，逼着约翰逊总统做出尴尬的回应“该死的迈克，你要的我都给你了”。再如，华莱士访问克林顿：“你是流氓吗？你怎么会跟一个未婚姑娘在白宫神圣的办公桌上干那种事情？”让克林顿当时非常地窘迫。但是讯问式提问是一种极具个性的表达方式，也非常有争议，极端的态度可能会影响提问的客观性，这种提问并不是处处适用，在访谈中一定要慎用。

（五）套问

套问，也可以称作陷阱式提问，也就是埋下一个逻辑陷阱，然后等受访者陷入这一逻辑陷阱后说出主持人想要的答案。套问又可以分为预设答案式提问和指代式提问。

预设答案式提问，也可称隐藏答案式提问。比如 1972 年 4 月，意大利著名女记者法拉奇采访约旦前国王侯赛因提的第一个问题是：“陛下，谁在约旦说话算数？在关卡，站着巴勒斯坦游击队；在边界上，巴勒斯坦游击队在进攻；在村庄里，巴勒斯坦游击队决定一切。”这个提问里隐含的答案是，约旦在偷偷支持巴勒斯坦的独立运动，回答是或否，都落入了记者提问的陷阱。

指代式提问。把自己想要提问的话语内涵用一个指代性的事物代替。比如意大利女记者法拉奇问邓小平：“天安门城楼上的毛主席像什么时候取下来？”

（六）启蒙式提问

启蒙式提问，也被称作“苏格拉底式提问”。古希腊著名哲学家、教育家苏格拉底用“对话”(提问)进行教育活动。他用讨论问题的方式与人交谈,但不把结论直接教给别人,而是指出问题所在,并一步步引导对方最后得出正确的结论。这种方法被后人称为“苏格拉底方法”或称“产婆术”。比如一位名叫欧谛德谟的青年,一心想当政治家,为帮助这位青年认清正义与非正义的问题,苏格拉底运用启蒙式提问和这位青年进行了下面的对话:

问:虚伪应归于哪一类?

答:应归入非正义类。

问:偷盗、欺骗、奴役等应归入哪一类?

答:非正义类。

问:如果一个将军惩罚那些极大地损害了其国家利益的敌人,并对他们加以奴役这能说是非正义吗?

答:不能。

问:如果他偷走了敌人的财物或在作战中欺骗了敌人,这种行为该怎么看呢?

答:这当然正确,但我指的是欺骗朋友。

问:那好吧,我们就专门讨论朋友间的问题。假如一位将军所统帅的军队已经丧失了士气,精神面临崩溃,他欺骗自己士兵说援军马上就到,从而鼓舞起斗志取得胜利,这种行为该如何理解?

答:应算是正义的。

问:如果一个孩子有病不肯吃药,父亲骗他说药不苦、很好吃,哄他吃下去了,结果治好了病,这种行为该属于哪一类呢?

答:应属于正义类。

问:如果一个人发了疯,他的朋友怕他自杀,偷走了他的刀子和利器,这种偷盗行为是正义的吗?

答:是,他们也应属于这一类。

问:你不是认为朋友之间不能欺骗吗?

答:请允许我收回我刚才说过的话。

从这一段生动的对话可以看出,苏格拉底式提问的特点是:抓住思维过程中的矛盾,启发诱导,层层分析,步步深入,最后导出正确的结论。可以试着用苏格拉底式提问法训练思维,比如:

1. 提出问题,澄清疑问

对这个新闻事件你是什么态度?
你可以换种说法表述你的想法吗?
你认为主要问题是什么?
可以给我们举一个例子吗?
你可以作进一步的详细说明吗?

2. 补充疑问,作出假设

这个问题为什么很重要?
你为什么这样认为?
根据这个问题,我们可以进行什么样的假设?
这个问题会不会引起其他的问题?

3. 询问理由,引发论证

为什么有人会做这样的设想?
在这里假设的是什么?
我们用什么假设来替代?
我是否正确理解你的意思了?

4. 质疑论证,引发反思

你为什么相信这是真的?

我们还需要什么信息?

能解释一下原因吗?

你是如何得出这一结论的?

是否有理由怀疑这一结果?

如果按照这一假设,你相信谁的?

5. 回到起源,启发思考

是什么让你有这样的想法的?

是什么让你有这样的感觉?

是你自己的想法还是听别人说的?

你总是有这样的感觉吗?

你的观点是否受到了某人或某事的影响?

6. 反问论点,追问暗示

那会有什么结果?

那真的有可能发生吗?

可供选择的办法是什么?

你说那话是什么意思?

如果那样的话,还有可能发生其他的什么事? 为什么?

二、介入法(或称截流法)训练:介入话题的方式

主持人在访谈节目中经常要适时地介入话题,按照语言学对话轮理论的研究,介入话题的方式又分为自然性介入和积极性介入。自然性介入方式,是指当说话人没有让出话题的明显迹象时,受话人因感叹、疑问、兴趣等原因自然而然地介入话题或直接提出新话题的行为。积极性介入方式,是指受话人通过使用打断、插入等手段,从主观意义上介入话题的行为。我们可以把主持人介入话题的方式作如下分类:

（一）总结式

简单梳理嘉宾观点，引出下一话题。“刚才两位嘉宾都谈到一个观点，那就是……，那么，对于……两位又怎么看呢？”

（二）承接式

顺着上一个话题的逻辑，作进一步的提问。比如，“您刚才谈到……是不是意味着……”

（三）转折式

比如，“您刚才提到一个观点，但是……”

（四）补充式

对嘉宾的谈话作进一步的材料补充。比如，“就您说到的问题，我这里也有一份材料提到……”

（五）质疑式

可以补充资料，补充信息，引发不同观点。比如，“但是我们看到，有人提出了不同的看法……”

如果有两位以上嘉宾，可以把话题转向观点明显分歧的一方。比如：“您同意这种看法吗？”

（六）选择式

针对观点，给出选项。比如，“对于这一事件有两种观点，一种认为……，另一种认为……，您支持哪一种？”

(七)硬打断

这种情况在直播访谈中经常出现,比如进入新闻现场,主持人会说:"好的,谢谢您!我们先到新闻现场看看,温家宝总理已经出现在镜头里了……"这是一种礼貌性的硬打断,还有就是采用生硬打断的方式,有时会出现在价值观有冲突的访谈对象的访谈中,甚至有故意激怒访谈对象的目的。但是这种方法一定要慎用。比如拉里·金采访伊朗总统内贾德,拉里·金只在一个地方稍显不礼貌地打断内贾德的谈话,显示了对内贾德某些观点的不认同:

内贾德:所有的美国政府和安理会都非常清楚这一点……

主持人:你的回答太冗长了。

内贾德:伊朗没有核弹,它也不寻求核弹,但我们将持坚定的立场,以确保拥有核武的国家解除核武,它们必须解除核武。

(八)幽默式

幽默不是训练出来的,他和一个人的气质、性格、文化内涵有直接的联系,是一种急智的表现,不能把一些幽默的手段到处套用。我们可以有针对性地采取夸张、对比等方法培养自己的幽默感。比如故意说反话,故意反向思维,看看某些事反过来看有什么效果,有些话反过来说有什么效果,或者用明显和嘉宾意思相反的话总结等,但是你的幽默要通过铺垫、暗示等效果让对方有所期待和准备,否则只能是"我本将心向明月,奈何明月照沟渠"了。

三、备稿法训练

备稿指的是播音之前的一系列准备活动,有广义和狭义两种:广义备稿，指的是平日的学习积累。狭义备稿，指的是播音之前对具体稿件进行分析综合，从而理解感受并产生情感体验的活动过程。广义备稿是储备，狭义备稿是运用，广义备稿做得越好，狭义备稿效率越高，效果越好。而访谈节目的备稿训练和新闻播音不同，更多的是强调即兴的表达和问题的建构能力。所以可以从以下几个方面开展训练。

(一)复述法

五分钟看一篇短评，五分钟梳理观点，复述。比如白岩松在2012年3月26日《新闻1+1》节目中针对哈尔滨一个患者用刀刺死医生一事做出的短评：

白岩松：一定要再次强调一下，这不是什么医患纠纷，因为他杀死的这个医生其实跟他的治病过程都没什么关系，而且医生对他的诊治，我们通过各个方面去了解，没有问题。但是他失控了，也许是长期以来不管是媒体还是我们周围的社会环境所塑造的一种仇恨在逐渐地累加，在这个孩子的脑海当中已经形成了一种定式，于是他掏出了刀子，伤害了别人，其实也伤害了自己的一生。

但是接下来的伤害却让我们每个人都感觉到更疼，除了刚才的短片里头所谈到的6000多人的投票里4000多人选择了“高兴”。我们再来看这一段，在网易上针对哈尔滨这条新闻，哈尔滨一名患者砍死一名实习医生并致3人重伤，一共有36000多人发表评论，其中有一个评论是这么写的，也是发生事情的当天晚上，都不过夜，23点57分。这个网友是这么说的，“应该举国欢庆啊！鞭炮响起来！小酒喝起来！音乐开起来！”如果3万多人当中仅仅有这么一个人写，可能还可以加引号的理解。但是请注意，顶这个帖子的数量达到了5172，占到36100人里多大的比例，这个时候我又要去思考了，我是不是也是其中的一个？我们是不是也是凶手当中的一员呢？

复述法可以这样开头："他在这期节目里主要表达了这样的观点……"

（二）重述法

用自己的话重新进行逻辑架构和观点呈现。比如白岩松的这段评论，如果是我，我会如何对此事作出评论，评论的依据可能不是网络调查，可能是其他的论据和角度。

（三）短评法

限时对某一事件进行评论。比如全国"两会"的短评，如何把握话语分寸，同时调动视觉思维，可以以中央电视台特约评论员杨禹在2012年两会期间的一次评论为例：

杨禹：那么在民生和转型的基础之上，其实我们大家一起在努力完成着沟通。刚刚闭幕的全国两会，就是一次重要的沟通，温家宝总理跟中外记者见面，这也是一次沟通，这样的政府跟公众之间的互动其实还可以在365天里的每一天频繁地用多种多样的形式来展开。政府很需要，因为这样才能够听取民意，并且接受公众的监督。我们自己也很需要，公众希望投入沟通和社会各种力量，大家一起在解决民生问题上，解决转型问题上，我们大家一起达成共识。

所有这些努力，其实我想最终归结于一个词，不仅在两会上面我们要去深刻地认识它，两会之后的每一天也许

> 我们大家还会想到，那就是国情。对于国情的认识是不间断的，我们可以在很多感性的认识基础之上，更多地去添加一些理性的认识。我们可以在碎片化地去认识国情的基础之上，再尽量多一些系统的认识。我们可以在被动地去认识国情的基础上，能够更加主动地想办法去认识国情。我们除了关心我们自己如何认识这个国情，我们还可以更多地去关心跟我们利益相关的群体，大家是怎么认识国情的？在大家共同的认识当中去彼此尊重，彼此包容，也去寻找共识。最终，我想我们通过认识国情，还可以把它变成一种推动中国社会进步的力量。关于国情的认识也许需要很长的时间，但是在民生、转型和沟通这三个关键点上，也许我们都需要去准确地把握国情这两个字。

这篇评论，用较短的篇幅对为期十天的全国两会做了一个总结，关键词是“民生”“转型”和“沟通”，这样的评论既要脱离空话套话，又要吸引观众，还要让观众听得懂，所以杨禹采用了关键词和看图说话的方式，也就是“每天一图，每天一评”，以此来把两会上抽象的内容用形象化的方式表达出来。

(四)辩论法

采取分组辩论的方法就一个新闻话题展开辩论，比如可以参照中央电视台的《对手》栏目，设置一些和新闻有关的议题，比如“天价保姆值不值?”“频繁跳槽能让人更快成功吗?”“归真堂该不该上市?”“iPad到底是谁的?”“假日门票该不该涨价”“异地高考可行吗?”辩论不在输赢，而是呈现一个看问题的角度。比如归真堂该不该上市，有嘉宾观点是“应该上市，这是市场行为，而且活熊取胆并不违法”。反方则认为，“归真堂上市使得中国企业的道德观价值观受到质疑”。双方各自陈述理由，甚至到了

“把你关在笼子里，抽你的胆你会舒服吗”等带有攻击性的言论。

（五）速读法

限时看一篇长文章，总结其核心观点。开始时可以从一些内容上有接近性的报纸上的文章看起，比如晨报、晚报等都市报纸，其后可以速读《南方周末》等报纸上的深度文章或者《财经》等杂志的专业性文章，然后梳理内容，总结观点。

（六）建构问题法

对一起事件的相关资料进行研读，并建构相关问题。美国内华达新闻学教授拉鲁·吉尔兰德推出了设计问题的辅助公式——“GOSS”。这个公式为我们设计问题提供可行的方法。“GOSS”公式基于这样一种理论：大凡制造新闻事件的个人和组织总是出于某种目的和目标（Goal）；并且总是面临或即将面临实现其目标的障碍（Obstacle）；新闻制造者已经找到或者正在寻找某种避开障碍的解决办法（Solution）；然后再返回目标，追问这一目标是在什么时候由什么人的意见而开始的（Start）。“GOSS”公式可以提醒访问者设计下列具体问题：

目标——“你们要实现的目标是什么？”“贵组织的目的是什么？”

障碍——“你们遇到过什么难题吗？”“目前的阻力是什么？”

解决——“你们是怎样对付这些难题的？”“你们有解决矛盾的计划没有？”

开始——“这一设想是什么时候开始的？”“是根据谁的意见？”

根据“GOSS”公式，主持人可以在访谈中设计出比较具体的问题。这些问题不但具体，而且上下之间讲求逻辑；不但能把事情的来龙去脉搞清楚，而且能够抓住实质性内容。这样提问要比说“你的感想如何？”“有什么体会？”“你是怎么想的？”“请介绍一下情况？”要具体、明确。美国一些新闻学院的学生认为借助“GOSS”公式设计问题，易行易记，尚能凑效。

2009 年，海协会会长陈云林赴台湾参加海协会和海基会两会领导人第四次会谈，笔者当时作为中央电视台赴台湾报道的记者，在去往台湾的包机上，跟陈云林约了对他的专访。后来在台湾，两会签署协议之后，笔者在他下榻的饭店对他进行了专访。节目在 2009 年 12 月 25 日的《今日关注》播出。以下是笔者在采访之前半小时依据 GOSS 公式整理出的相关问题：

问题一：您如何评价第四次两会领导人会谈所取得的成果？

问题二：签署的三项协议在具体操作中还会不会有什么障碍？

问题三：台湾的专家分析认为，租税协议延期签署是因为征税主体的认定有分歧，还有台商对税务透明有担心，是这样的吗？

问题四：两会关于商签 ECFA 的正式谈判最快应该何时开始？已有的接触有没有涉及具体的议题？比如投资保障、产业关税等？

问题五：一些大陆企业也呼吁，如果商签 ECFA，台湾是否也能进一步向大陆企业开放市场？您怎么考虑他们的诉求？

问题六：关于陆资入岛的问题，您觉得台湾方面还有哪些领域应该进一步开放？大陆企业入台投资的安全性能否保证？有没有谈到陆资入岛享受优惠税率以及知识产权保护的问题？

问题七：台湾政治的不确定性会不会影响两岸政策的连续性？

问题八：您对这次台中市的安保工作有何评价？对于一直在会场外支持两会领导人会谈的乡亲和反对者分别有什么话说？

问题九：马英九先生 21 号针对您的访问，要求相关单位必须做到安全、舒适、尊严三个原则，您觉得是否体会到了这三点？您有什么话要对马英九先生说？

问题十：从国台办到海协会，您觉得哪一个岗位上遇到的困难更多？挑战更大？最好举一些实例。

问题十一：海协会有没有和民进党沟通的管道？您个人未来是否会在适当的场合和蔡英文会面？

问题十二：和连战、吴伯雄、宋楚瑜这些老朋友是在宴会上相见的，这次都聊了些什么呢？

问题十三：参访活动对哪一站印象最深？离开台湾会带什么特产？

问题十四：您曾经主导连战、宋楚瑜的大陆之行，也为国共两党会谈做了很多具体的工作，现在两会领导人会谈又继续为两岸民众谋福祉，您对自己的工作打多少分？

问题十五：未来两岸互动还有哪些变数？您对第五次两会领导人会谈和未来两岸交流有什么样的评价和期待？

需要指出，“GOSS”公式只是设计问题的辅助公式，而不是万能公式。记者每次采访的题目、情形都是不尽相同的，因此不可能制定到处适用的公式。吉尔兰德教授明确告诫读者，这一公式只是设计问题的辅助公式。此外，当记者一时卡壳，它也可以助一臂之力。

（七）互相答问法

针对一个新闻事件两个人互相问答，即甲提出问题，乙来回答，然后顺着话题思路，乙在回答完后继续提出问题，由甲来回答，双方不断交替，看谁能问出难倒对方的或有挑战性的问题。

（八）虚拟场景法

虚拟外交部发布会、案例的法庭辩论、访谈节目现场等。

第八章

电视访谈节目受众心理

受众是电视节目生存发展的基础。受众心理带有很大的自发性、随意性和可变形，是一种较难控制的社会心理。把握受众心理，对于形成节目与受众的良性互动，提高节目的质量至关重要。由于我国的受众调查机构往往注重收视率调查，缺乏受众心理分析，无法针对某一个栏目提供受众心理调查和分析，所以很多节目的制作往往是反馈不足、前馈不畅。研究访谈节目的受众心理是想借此探索受众研究与节目制作的某种联系，也可以对访谈节目主持方式如何更好地吸引观众，求得观众认同起到一定作用。了解受众就是了解市场，把握受众心理，平衡供求关系，也是节目管理科学化的必然趋势。

第一节　电视访谈节目受众差异性需求

受众在对媒体内容的选择上有较大的随意性，受众收看节目是基于个人需求，研究节目对受众产生的效果，就要了解受众的动机和希望满足的程度。传播学家梅尔文·德弗勒提出受众的收视动机是："获取所期望的信息；迎合已养成的接触媒体的习惯；为休息或寻求刺激；逃避烦闷；陪伴以避免寂寞。”①其实受众的需求层次在不断提高。针对不同的受众需求来制作电视节目，是当今世界电视发展的一个潮流。这不仅是电视节目日益增多、竞争日趋激烈的结果，也是电视商业化进程的内在要求。为了吸引受众的注意力，节目制作者就必须重视受众的收视心理，把受众的收视需求作为自己制作电视节目的一个重要参考因素。随着理论研究与实践的发展，可以根据不同的标准划分受众群，每个受众群又可以细分为不同的层次。根据受众的不同需要，有的放矢地制作节目才会收到更好的收视效果，节目的收视率也才能相对稳定。电视访谈节目受众差异性需求主要表现在关注点不同。

一、事件类访谈的受众需求

以中央电视台中文国际频道《今日关注》节目的收视群统计为依据，可以简单梳理事件类访谈节目受众的关注点。事件类访谈节目受众有特定的收视目的：了解国内外新闻动态尤其是中国的时政动向，探求新闻深度背景，参与对新闻热点问题的讨论。虽然有着共同的对新闻评论节目的热爱，但受众的个体差异很大。从年龄上说，从十七八岁的大学生，到七八十岁的老人都有，中年男性占绝大多数；从性别上来说，男性受众的比例大于女性受众，主要以 16 岁到 44 岁的男性观众为主；从社会阶层来看，层次较为广泛，有学生、教师、干部、军人等，受教育程度较高。他们有以下几个共同的关注点。

关注点一：国内重大政治和外交事件

比如 2011 年 11 月 4 日，胡锦涛主席出访欧洲并参加在法国戛纳

① 梅尔文·德弗勒：《大众传播学诸论》，新华出版社 1990 年版，第 56 页。

举行的G20领导人峰会，这对中国人民来说是件大事，对全世界也具有重大影响。在全球经济不景气，欧洲面临欧债危机的背景下，中国是否会出手拯救欧洲让世界瞩目，当天的《今日关注》节目收视率达到0.83%。再比如"南海争议"，关于南海争议的话题在2011年的收视率分析汇总中，在所有节目选题板块中排在第一位，平均收视率1.04%，紧随其后的是拉登之死板块（平均收视率0.98%）、伊核危机板块（0.95%）、利比亚战事系列（0.92%）、叙利亚之乱（0.89%）、俄日岛争（0.84%）等。

关注点二：国际重大时事的过程和走向

一些国际新闻类访谈节目收视率相对稳定，比如央视的《今日关注》《环球视线》，让世界听到我国对国际重大问题的看法及意见。国际重大时事有两个核心因素：

（1）事件的影响力：比如朝鲜核问题、伊朗核问题、"阿拉伯之春"、反恐问题等。

（2）重要人物的命运：比如巴勒斯坦领导人阿拉法特的去世、巴基斯坦前总理贝布托遇刺、基地组织领导人本·拉登被击毙、伊拉克总统萨达姆被捕和被绞死、利比亚领导人卡扎菲被打死等。

关注点三：突发新闻事件

突发新闻事件就是指不可预料的不可抗力下发生的不为人控制的新闻事件，它的特点是偶然突发并带有很强的破坏性，这种偶发与人的生产生活息息相关，所以人们对突发性新闻事件非常关心，尤其关注这一事件为社会、个人带来的影响，突出新闻事件有以下几种：

第一，自然灾害类突发事件，国内的如"5·12特大地震""青海玉树地震"等，国际的如"2004东南亚海啸""2011日本地震核事故"等。

第二，大型生产安全事故，国内的如“2011 甬温线特大铁路事故”、矿难、交通安全事故等。

第三，重大社会安全事件，国内的如公共卫生事件，像“非典”这样的突发性传染疫情，还有恶性治安事件、食品安全事件等，国际的如“莫斯科地铁爆炸”“俄罗斯别斯兰人质事件”“伦敦地铁爆炸案”“印尼巴厘岛爆炸事件”等。

二、人物类访谈的受众需求

关注点一：明星的个人生活

第一，观众追星追的是他们身上的优秀品质。观众对明星的关注，是对自己内心所向往的一种精神的追求。

第二，喜欢关注明星，是喜欢从别人的事情中找寻自己的影子，希望从中找到更多的心理认同和归属感。按照马斯洛的说法，人有生理需要、安全需要、爱和归属的需要、尊重的需要和自我实现的需要。观众可以从明星的成功中感受需要的满足。

第三，人人都有与生俱来的好奇心和窥私欲，媒体会迎合一些观众去炒作那些看似无聊的内容，或者说违背正常社会伦理的个人隐私。而观众很容易被外界引导，希望看到明星的个人隐私，窥探一些能在心理和感官上受到刺激的内容。

一个有责任感的媒体，在正邪、是非、善恶方面应该是有所辨别的。媒体有引导民众价值取向的义务和责任。不可能要求每一位民众都具有崇高的精神和价值追求，但是作为社会中的一员应该有自己生存的原则和标准。电视媒体在满足观众对于明星个人生活的信息需求的同时，也要倡导一种正确的价值观，引导观众更多地关注明星的奋斗历程、真善美的价值取向和积极的人生追求。

关注点二:新闻当事人

第一,是真实性的需求。对新闻当事人的纪实性能给予观众对真实性的极大满足。例如,2003年"非典"期间,《面对面》主持人王志对钟南山院士的采访。

主持人:说到"非典",现在全国的情况给人的感觉好像是风声鹤唳,愈演愈烈了。

钟南山:我看不完全是这样。现在,从中央到地方到医疗卫生部门各方面以及全民都很重视,而且采用了适当的预防措施,在这种情况下,不会重复广东的趋势。

主持人:那是不是意味着民众对于这种病的恐惧,还要持续相当长的一段时期?

钟南山:我想民众应该对这个病有一个思想准备,但是我并不同意你所说的恐惧。因为恐惧是来自于一个对疾病的无知。

在这种特殊时期,观众对真实信息的需求是非常强烈的,所以对抗击"非典"的专家组成员钟南山的采访就成了真实信息的来源,这些真实信息能够有效化解民众内心的焦虑感和危机感。

第二,对人物命运的关注。现代社会中,有些人会有虚无感,以致丧失意志力。造成虚无的原因有很多种,有暂时性的,如对长时间娱乐的厌倦,也有深层的,如感觉生命无意义。对其他人物命运的关注可以减轻这种状态,把关注点放到他人身上,关注他人面临的问题和命运,可以从他人的命运中找到生存的理由,从他人的奋斗中激发自己生存和发展的决心。比如《鲁豫有约》中采访过的28年患难与共的"提琴爱人"袁春生、陈惠芳夫妇,他们携手谱写了一曲爱情与亲情的赞歌,观众见证了他们在多舛的命运中坚守爱情、相互扶持的过程。

（场外的观众发来微博互动提问："请问，你们最浪漫的时刻是什么时候？"一句话触到了陈惠芳的伤心处，这个坚强的女人当即泪洒节目现场。原来，尽管两人结婚已经28年，但由于袁春生长期行动不便，他们还从来没有一起逛过街。在节目录制的前一天下午，夫妻两人携手来到天安门广场，这第一次逛街也成为陈惠芳心中最为浪漫且终生难忘的时刻）

鲁　豫：这么多年，你们夫妻两人也一定发生过争吵吧？你们彼此觉得对方的小缺点是什么？

袁春生：陈惠芳在我心中是完美无瑕的！

陈惠芳：曾经有一次，袁春生被误诊为骨癌，恰在当时，我的父亲也重病住院，并下达了病危通知。我强忍着悲痛，悄悄到商店给他买了身崭新的睡衣、袜子和拖鞋。但他当时还不知道检查结果，很生气地把袜子扔到一边，责怪我乱花钱，我真的是满心委屈无处哭诉……

普通人的故事同样能够打动我们，因为观众能从这样的故事中找到情感共鸣，从别人的经历中感受生活，感受命运，感悟人生。

三、话题类访谈节目的关注点

关注点一：情感伦理问题

收视率调查显示，情感类访谈节目的主要收看人群是中低收入者，其中又以已婚女性为主。为什么这类人爱看这种节目呢？一个是女性观众比较容易被感动，情感节目在内容上易于使她们产生同情、共鸣等心理反应。另一个原因在于情感节目讲述当事人的个人经历，没有什么大道理，理解不费力。参加节目的当事人通常是事件中的受害者或弱势的一方，观众会对他们产生同情心。当他们发现自己的悲惨经历能获得广泛的同情和舆论支持时，长期以来被人忽视的压抑和痛苦的情绪可以得到缓解。但是媒体评论家对这些哭哭啼啼、家长里短的电视节目较为反感，这就是情感节目收视率较好，但口碑一般的原因之一。

情感节目的伦理建设值得关注。有一个现象是，伦理上越是有缺陷的题材，收视率往往越高。比如第三者插足、多角恋、畸形恋这类题材的节目，吸引了很多观众的关注。这类题材在道德上的颠覆性，破坏了电视节目对受众的引导、教化功能，但是人性中本来就有这些阴暗面，它不会因为不表现就不存在。掩耳盗铃不是明智之举，加入建设性意见才是良策。就目前我们看到的情感节目而言，还没有一个会对反道德、反伦理的东西持正面态度，甚至是中立态度。情感节目主持人应表明自己的立场，对超越道德和法律界线的东西进行正确的评判。

关注点二：公众热议的社会事件

公众热议的社会事件往往引起人们对公共事务的关注，引发公众热议的社会性话题，比如“郭美美事件”所引发的对于公益组织透明度的话题，“广东小悦悦车祸事件”引发的对社会冷漠现象的话题，“李刚事件”所引发的对“官二代”道德约束的话题，“药家鑫事件”所引发的冲动型人格和社会心理焦虑的话题。

总而言之，受众对节目的兴趣是多方面的，有沟通信息的兴趣，求知的兴趣，探求悬念的兴趣，参与讨论的兴趣。根据研究表明，真正对受众有较大影响的是他们特意选择的内容，所以访谈节目要不断捕捉受众想获知的目标，才能抓住受众的心。话题类访谈节目，还可以通过网络、微博等，吸引更多的人参与，可以让受众通过话题参与找到归属感。

第二节　接受心理对访谈主持的影响

一、首因效应和近因效应

首因效应又叫“最初效应”，即日常所说的“第一印象”。它是社会知觉中的一种主观倾向，按照《社会心理学辞典》的解释，指“第一次交往过程中形成的印象对双方以后交往关系的影响”。近因效应又叫“最近效应”，也是社会知觉中的一种主观倾向，意思是最近交往过程中所形成的印象对双方交往关系的影响。引申到节目中，可以研究一下首因效应和近因效应对节目以及节目主持人产生的影响。

如何让节目在首次出现时给观众留下良好的印象？节目的选题直击热点人物、热点事件、热点话题，节目的内容信息丰富、评论精炼准确，节目的形式具有个性色彩、充满理性的智慧。就主持人而言，坚持客观、理性、冷静、适度的原则，同时不乏智慧与幽默，与栏目风格相统一。具体来说，主持人出场方式、服装、播报与解说的方式、形象、态度与语气、内涵与气质等，要与节目相协调。社会心理学家阿希（S. E. Asch）在研究中发现，第一印象的作用不仅强烈而且持久。近因效应的有效利用，即每一期节目针对受众的反馈及时调整，既保持总体的统一性，又使每一期节目和其主持人都以新鲜的面目出现在受众面前。

二、对节目的权威性与专业性的期待

权威性来自传播者的诸如地位、资历、专业知识、技能、经验等方面的因素。一般来说，传播者的权威性越高，其所传达的信息的说服力就越

强，受众就越容易接受。专业性指嘉宾训练有素，经验丰富，知识渊博，技巧娴熟，具有较高的专业水平。以中央电视台《今日关注》为例，一是作为国家级电视台的一档节目，其自身的媒体语境具有一定的权威性。二是，嘉宾的权威性。嘉宾主要是来自中国各智库机构——中国社科院、中国国际问题研究所、中国国际关系研究院、外交学院以及其他高等院校的相关研究部门的资深专家。三是，观点的专业性。在就一些新闻热点进行评论时，权威专家的观点和思考角度、对发展趋势的判断是非常专业的。

三、求新心理

用心理学的观点看，刺激物的新异性是引起注意的一个重要条件，一个节目首先要引起受众的注意。节目内容、题材的新颖，表现手法上的不落俗套、不断创新正是引起受众注意的重要条件。在这一点上，新闻尤其是事件性新闻，事件本身就充满了悬念，每一天甚至每个小时的发展都会出现新的刺激，这种动态发展带来的新异性会时时吸引观众的注意。所以事件类访谈节目注重事件性新闻的选题，配合嘉宾评论，以大量的现场和动态的新闻进展作为辅助，以吸引受众关注。而话题类访谈节目如《一虎一席谈》非常注重话语节奏的周期性加强或减弱，在节目制作上特意选择新鲜的题材，有节奏地安排丰富的创作手法，比如节目提要、话题短片等，以新颖的内容和形式吸引受众注意的持久稳定。人物类访谈，人物本身就是最好的卖点，关键是如何从人物身上寻找到新鲜的关注点，比如人物置身其中的新闻事件，比如《面对面》在 2003 年“非典”时采访钟南山院士，就是挖掘新闻人物背后的新内容、新观点。

四、接近心理

受众的接近心理是指节目的内容、形式同受众心理期待有接近性，从而引起与受众心理的共鸣。

比如《新闻 1+1》栏目直接针对民生热点话题和社会新闻事件，就医疗改革、食品安全、房屋拆迁、就业难等话题所进行的访谈和评论，每次节目播出后，总有很多来信反映意见或通过网络表达观点，有的人提出自己生活中的难题，有的人提供相关的建议或者留下相应的评论，说明观众对节目内容产生了共鸣。所以，每一个生活中的个体在生活中积累了一定的经验，心理活动具有特定的方向和作用力，当他与条件相同的心理活动相遇时，就会发生共振、共鸣，具有互相强化和互相激励的特性。

再比如，《今日关注》栏目不仅面对国内观众，还要面对海外华人，节目的选题也尽量接近海外华人观众的价值观、生活状态。比如“上海游客在美国遭遇车祸”的事件刚一发生，该栏目很快请到旅行社相关负责人到演播室接受采访，介绍事故处理和善后事宜；同时通过视频连线请中央电视台驻美国记者介绍美国方面的调查结果，以及事故发生的现场情况；还请外交部领事司的官员介绍中国的领事保护机制和华人的求助渠道。这些内容都是为了拉近海外华人的心理距离。

第九章
新媒体语境下的访谈节目发展趋势

新媒体(new media)概念是1967年由美国哥伦比亚广播电视网(CBS)技术研究所所长戈尔德马克(P. Goldmark)率先提出的。新媒体是相对于传统媒体而言的,是报刊、广播、电视等传统媒体以后发展起来的新的媒体形态,是利用数字技术、网络技术、移动技术,通过互联网、无线通信网、卫星等渠道以及电脑、手机、数字电视机等终端,向用户提供信息和娱乐服务的传播形态和媒体形态。严格来说,新媒体应该称为数字化媒体。媒体的发展经历了三个阶段:精英媒体、大众媒体和个人媒体。这三个阶段分别代表着传播发展的农业时代、工业时代和信息时代。在互联网高速发展的今天,以个人为中心的新媒体已经从边缘走向主流。新媒体时代已经到来。

第一节 新媒体语境下的人物类访谈

一、凸显跨媒体营销优势的“名人脱口秀”

新媒体市场化整合之后,会带来更加强大的功利性诉求,所以在内容的营销上，会出现各种形式的争夺，名人脱口秀就成为各新媒体机构抢夺的媒介资源。表达能力较强的名人，采取直接表达的方式占据媒体平台，再加上新媒体环境下多种媒体传播渠道的整合，名人脱口秀节目也更适合跨媒体的营销，这种节目几乎在电视、广播、网络、楼宇电视、公交电视、手机电视等各种媒体环境下都具有传播的优势。

商业逻辑借着技术的发展不断攻城掠地，成为人物类访谈节目娱乐化趋势的重要推动力，会有越来越多的名人和新媒体机构合作，推出符合商业利益的脱口秀节目。充分发挥名人节目在多媒体时代跨媒体营销的优势也是名人脱口秀节目大行其道的原因。现在我们已经看到这一趋势，比如赵忠祥的《老赵会客厅》、周立波的《壹周立波秀》、高晓松的《晓说》等正在实现跨媒体的营销和传播。

二、草根播客，草根微信，随着媒介融合由窄众走向大众

新媒体环境带来的另一个变化是，草根阶层的话语权力被尊重和重视，大量的草根播客将随着内容搜索技术的不断发展找到出口。草根播客、草根微信借助媒介融合的趋势找到大众化传播的平台。比如主持人林白，在中国传媒大学读博士期间，在宿舍里制作一档草根性的网络节目《麻辣书生》，通过对新闻事件的个性化解读获得了相当的点击量，后来移植到搜狐视频频道，制作了网络播客节目《微言大义》。他的节目中有大量来自微博的软新闻，软新闻的解读和硬新闻一定程度的软处理增强了网友对于社会公共事务关注和参与的热情。新闻也可以靠讲故事的方式进行软处理。受众在听故事的过程中获得对生存环境的认识，还可以与主持人、众多网友讨论社会价值和公共事务。随着媒介融合的发展，草根可以借助网络走向大众传播。

第二节 新媒体语境下的话题类访谈

新媒体语境下，一些新闻性的、娱乐性的、公共性的、情感性的话题都可能借助“病毒式传播模式”一夜之间成为全社会关注和讨论的话题。在这个“注意力经济”时代，通过控制眼球来影响他人观念，从而改变他人行为，是新媒体显示传播能力的重要方式。比如制造一个“病源体”并使其突破人们的信息传播免疫系统：

(1)幽默病毒源。比如说网络上的恶搞现象。

(2)隐私病毒源。名人、明星的私生活曝光，普通人的伦理缺陷、心理疾病的公开表达。

(3)情感病毒源。诉诸同情、愤怒、感动等情感的内容。

(4)服务信息病毒源。比如养生信息、军事信息等长时间在网络上存在和传播的内容。

这方面的典型代表是在网络上以病毒式传播传遍世界的一段视频。由美国非盈利组织“看不见的儿童”(Invisible Children，以下简称 IC)制作的短片《科尼 2012》。其内容是，乌干达反政府武装“圣灵抵抗军”(LRA)的首领科尼被指控在乌干达及周边邻国横行 20 多年，劫持数万幼童充当士兵或性奴，甚至残害他(她)们的身体或逼迫孩子枪杀自己的父母，制造战乱，导致数以千计平民死亡。科尼虽被国际刑事法庭列为头号通缉犯，但至今仍逍遥法外。由于讲究叙事角度，加上乌干达儿童雅各布的自述，这段不足 30 分钟的视频让很多人看完后难以平静，加入了愤怒的转发者的行列。“Make him famous”(让他变得有名)的口号一时间得到了千万网民的积极响应，而科尼也真的在两周之内在全球恶名远扬。截至 2012 年 3 月 19 日，《科尼 2012》在视频网站 YouTube 上的访问次数超过 8000 万。然而在其“病毒式”疯狂传播的同时，对视频本身和 IC 的质疑和争议接踵而至。《科尼 2012》被认为带有浓郁“懒汉行动主义”(slacktivism)色彩，这个新词形象地概括了社交网络时代，人们在网上热衷于关注、转发和分享热点议题和网上倡议，尽管转发者感觉良好，却不能真正带来社会变革的实际行动。其实，在新媒体时代，转发就是一种实际行动，是一种新的媒介生态下的受众参与行为。通过这样的方式，传播个体既是信息的接受者，又是传播者，传播的行为通过转发信息达到合作发起议题、参与议题设置和讨论、通过议题的发散形成舆论，从而影响人们的行为，这恰恰是新媒体语境下的新的传播行为。这样的传播方式对传统的话题类访谈节目也带来直接影响。

一、新闻话题类访谈借微博、微信完成多次传播

(一)微博、微信中找选题

微博、微信成为话题的最佳取材地。首先微博、微信中充斥着新闻性事件和公共性话题。新媒体时代，新闻娱乐化现象有过之而无不及，一个重要表现就是微博、微信内容的情绪性、戏剧性、新闻性。情感性诉求和公共性话题成为微博媒介表达和表现的基本元素。微博、微信的便利性也使得它们成为很多新闻的来源地，比如“郭美美事件”就是从一条微博开始的。

(二)微博、微信中听观点

一个话题可以因为参与者众多而成名，对比之前利用论坛炒作话题、听取反馈来说，微博、微信显得更加灵活高效。微博、微信的互动性和参与性更强，目的更明确，更具吸引力，所以微博、微信目前成为很多电视访谈直播节目的最佳反馈和互动渠道，比如央视社会与法频道的话题类访

谈节目《夜线》，就采用微博直播互动的方式，引入微博上的观点参与讨论。在目前传统媒体占据主导的媒介生态环境下，新媒体往往扮演互动渠道的角色，但是在未来，新媒体将彻底摆脱对传统媒体的依附，通过整合媒体资源而成为独立的跨媒体平台，到那时，微博和微信本身可能也会成为视频化的观点场，成为主要的话语场，真正成为主流的媒体平台。

（三）微博、微信中营销观点

微博、微信最鲜明的特点就是互动性强，互动周期短，能够第一时间达成互动，这也是微博、微信发展如此迅猛的内在推动力。假如平均每个博主粉丝有 5000，有 10 个人转播一条微博，受众将瞬间达到 50000，传播效力可想而知。用户可以利用电脑、手机等多种终端方便地获取或发送微博信息，借微博、微信营销节目中的观点，形成在新媒体中的再次传播。

二、情感话题类访谈借网络“真人秀”大行其道

（一）隐私的公开化趋势

第一，好奇心的驱动。好奇心人所共有，但应有所节制。在正常范围内的好奇心不会形成破坏力，但过分的好奇心有可能对他人造成伤害，比如网络“人肉搜索”。第二，集体窥私心理的驱动。窥私欲几乎每个人都有，但是当窥私欲成为群体性的行为时，就是“集体窥私癖”，就是指将个人偷窥或部分人的偷窥公开化、大众化，热烈地追逐着可以激起和满足人们欲望的东西。人类潜意识中普遍存在对个人隐私的窥视心理，网络上的情感类“真人秀”节目将个人隐私进一步公开化。

（二）情感成为娱乐消费品的趋势

第一，媒介文化功利化的影响。这类节目寻求娱乐而逃避社会现实

和社会责任，充分展现新媒体环境下媒介消费主义的功利性特点。功利主义认为行为的唯一目标是快乐，是幸福或欲望的满足。虽然道德及法律总会基于“秩序”的要求抑制个人对于快乐和欲望满足的盲目追求，但是人们从不会轻易放弃寻求快乐和欲望满足的机会，而对他人情感或隐私的消费成为当代人简单快乐的来源。第二，集体无意识的作用。著名的法国社会心理学家勒庞曾指出，具有共同心理的人群，他们的感情和思想全都转向同一个方向，自觉的个性消失了，受群体精神统一律的支配，具有明显的从众心理。形成群体的个人会感受到一种势不可当的力量，这使他敢于发泄出自本能的欲望，而在独自一人时，他是必须对这些欲望加以限制的。他很难约束自己不产生这样的念头：群体是无名氏，因此不必承担责任。这样一来，总是约束着个人的责任便彻底消失了。责任感的缺失使群体的成员陷入了无意识的状态。

第三节　新媒体语境下的事件类访谈

一、专业性解读被解构

新媒体会力求以夸张大胆的个性化表达方式来吸引受众的眼球，简单地说，就是“怎么传播”可能会胜过“传播什么”。传媒消费主义一步步在瓦解传统专业性媒体在事件类新闻中访谈和评论的功能，每一个个体都可能成为新闻事件的消息来源和评价中心。

同时，市场化的新媒体竞争和整合带来的结果是，商业逻辑将绑架媒体传播，可能会把人的情感包括人的本能当作商业资源来开发，从而遮蔽、挤兑媒介应有的公共性、公益性的本质规定，给社会带来危害。在这种情况下，新闻专业主义理念在传媒消费主义的冲击下遭到了解构。

公众不再满足于国内外时政大事的直播，而是寻求满足娱乐消费的内容。1996 年，美国亚特兰大奥运会期间，美国的媒体中断奥运会的直播，插入了警方对身陷“杀妻案”丑闻的嫌疑人辛普森高速路追捕的过程。后来对美国公众的一项调查显示，美国公众最感兴趣的论题依次是：犯罪、有关当地人物、事件、健康、体育、当地政府、科学、宗教、政治新闻、国际新闻。严肃的政治经济科学新闻已在公众兴趣中处于末位。基于此，我们就不难得出一个结论：在当代西方最有可能吸引最大数量观众的是能满足他们娱乐消费欲望和兴趣的媒介产品。

二、新闻直播无处不在

新媒体具有全天候和全覆盖的特征。受众接收新媒体信息，大多不受时间、地点的制约，受众可以随时在网络覆盖的地方接收地球上任何一个角落的信息。新媒体不仅是技术平台，还是媒体机构，新闻事件通过电脑网络、手机网络、卫星网络实现同步直播。人物类访谈、事件类访谈、话题类访谈可以随时随地、随录随传地同步出现在媒介传播终端上，它可能是多媒体手机，也可能是互联网电视，信息和我们的距离会不断缩短，就像今天微博和微信拉近名人和粉丝的距离，明天的新媒体环境下，无处不在的直播将每一个传播个体紧密地联系在以信息为核心的不同媒介周围。这种语境造成的结果就是，从技术角度讲，每一个传播个体原则上都可以提供对事件的直播，直播不再依赖专业机构。点对点的传播方式可以使得每一个传播个体同时是受众，而每一个受众同时可能是传播个体，每一个人可以在无处不在的直播中点对点地获取信息，也可以点对点地直接选取观点和评价的来源，比如现在的博客、微博、微信和网络论坛。以后可能通过搜索直接通向观点提供者，并实现在事件同步传播中的众多传播个体的观点多向互动和人际化的虚拟空间的可视性互动。

第四节　新媒体语境下的访谈节目个性化

新媒体语境为访谈类节目的内容和形式都带来变化，一个最大的特点就是，那些权威的、严肃的、专业的、资深的访谈节目不再占据传媒江湖的主导地位，而一些非常有个性的草根制作的网络节目开始凸显力量。如果能够加以整合，那将是一股不容忽视的传播力量，这恰恰是新媒体发展带来的革命：首先，新媒体下的每一个传播个体都可以上传内容，低成本的制作和传播将会使简单而独具个性的节目内容生产者受益。其次，新媒体传播为每一个传播个体提供了无限的市场，任何内容原则上都可以在网络上无限期存在。最后，新媒体时代，每一个传播个体同时也是消费个体，他可以随时用他感兴趣的关键词搜索他喜欢的节目，这些节目可能来自很冷门的某一个传播站点，但是随着网络病毒化的传播，冷门的节目也有可能一夜之间成为点击量颇高的热门节目。

这一点，长尾理论早已证明，长尾（the long tail）这一概念是由《连线》杂志主编克里斯·安德森于 2004 年 10 月在《长尾》一文中最早提出，用来描述诸如亚马逊和 Netflix 之类网站的商业和经济模式。过去人们只关注重要的人或重要的事，如果用正态分布曲线来描绘这些人或事，人们只关注曲线的“头部”，而将处于曲线“尾部”、需要更多的精力和成本才能关注到的大多数人或事忽略。例如，在销售产品时，厂商关注的是少数几个所谓 VIP 客户，“无暇”顾及在人数上居于大多数的普通消费者。而在网络时代，由于关注的成本大大降低，人们有可能以很低的成本关注正态分布曲线的“尾部”，关注“尾部”产生的总体效益甚至会超过“头部”。例如，某著名网站是世界上最大的网络广告商，它没有一个大客户，收入完全来自被其他广告商忽略的中小企业。安德森认为，网络时代是关注

"长尾"、发挥"长尾"效益的时代。

简单地说，只要产品的存储和流通的渠道足够大，需求不旺或销量不佳的产品所共同占据的市场份额可以和那些少数热销产品所占据的市场份额相匹敌甚至更大，即众多小市场汇聚成可产生与主流相匹敌的市场能量。也就是说，企业的销售量不在于传统需求曲线上那个代表"畅销商品"的头部，而是那条代表"冷门商品"经常为人遗忘的长尾。举例来说，一家大型书店通常可摆放10万本书，但亚马逊网络书店的图书销售额中，有四分之一来自排名10万以后的书籍。这些"冷门"书籍的销售比例正高速成长，预估未来可占整个书市的一半。这意味着消费者在面对无限的选择时，真正想要的东西和取得的渠道都出现了重大的变化，一套崭新的商业模式也跟着崛起。简而言之，长尾所涉及的冷门产品涵盖了几乎更多人的需求，当有了需求后，会有更多的人意识到这种需求，从而使冷门不再冷门。这些少量的需求会在需求曲线上面形成一条长长的"尾巴"，实现小众的极大数量。在长长的"尾巴"上，曾被大众流行挤压和忽略的"个性"将被凸显出来，这种"个性"将通过三种方式表现出来：

(1)刺激感官的个性化形态。

(2)刺激情感的个性化内容。

(3)刺激心理的个性化观点。

但是，在感性的媒介消费文化刺激下的新媒体消费环境中，理性的思辨不是被永久性地消解，而是有重生的机会。那些在传统媒体时代被压抑的个性将充分释放，对文化的批判性思考也会在一轮全民的消费文化狂欢之后重新沉淀，而理性的声音会在新媒体语境下喧嚣的沸腾后水落石出。在娱乐化消费带来的对真相和思辨的不断误读后，理性的声音显得尤其珍稀，那些理性的判断、客观的内容提供者会慢慢得到更多新媒体消费者的接受。多元化的表达也会催生新媒体语境下的民主意识和民主观念，激发受众对多元语境的适应和对多元话题的理解和判断。毕竟主流的价值观是很难撼动的，它来源于我们的传统文化和长期形成的道德标准，不会因为一时的哗众取宠的极端性表达而被征服。巴赫金的“狂欢理论”曾部分地点出了“娱乐”的实质——“是全民性的，无所不包的，所有的人都需加入的亲昵的交际，是精神自由自主的、无等级的、全民共享的。这种狂欢品格使人从压抑中解放出来，对僵化的秩序有着解构的作用，体现了人们对自由自主的追求。”[①]所以，在新媒体语境下，我们应该自信地创造多元化的表达环境，包容个性化的表达内容，让对话和独白都能在新媒体找到繁荣和自由的空间。

① 巴赫金：《巴赫金全集》(第5卷)，河北教育出版社1998年版，第169页。

结束语

电视访谈节目相互融合和相互借鉴成为趋势。当前电视节目形态的发展呈现出前所未有的多元态势，电视节目形态发展中的融合现象尤其值得关注。所谓“电视节目形态的融合”，是指电视节目形态在其演变发展中在同介质媒体内或跨介质媒体间所出现的不同传播形态的融合现象，这种融合既表现为电视节目形态之间的融合，也表现为跨媒体传播形式的融合。这种融合现象催生了新的电视节目形态，推进了传统节目形态的变革，使电视节目形态能适应社会生活的飞速变化，朝着多元化的方向发展。电视节目形态发展过程中出现的融合现象是全方位、多层次、多领域的。近年来电视荧屏上出现的一些新的节目形态，就是通过各种形态的融合来实现的。尤其是跨节目类型的融合，把两种（或多种）不同类型的节目形式或元素融合到一起，打造出另一全新的节目形态来实现对原有节目形态的变革和超越。特别值得一提的是现场直播访谈的异军突起。现场直播配上演播室评论、主持人采访等方式，多角度、全方位地展示现场，充分满足观众的观赏需求。比如“中国载人航天工程”的直播，以事件为主，但也请航天员、总指挥、总设计师进入演播室，这个段落就变成了人物访谈。谈到“中国未来应不应该登陆月球”就变成了话题性的探讨。由于直播的常态化，尤其是突发事件直播的常态化，这种融合趋势会更加明显。

电视的发展本身就是一个节目相互借鉴和相互融合的过程。为了使内容更丰富、更深入，电视在传播方式和传播手段上不断革新，除消息外，出现了专题报道、新闻评论、调查报道、谈话节目等节目样式，也出现了像《东方时空》这样包容各种新闻元素的杂志型节目；在节目编排方式上，出现了栏目化、板块化等结构方式，使信息集约化，这些编排手段被不同的栏目借鉴使用；在传播手段上，也相互借鉴，比如直播视频连线多视窗手段的运用等。融合的前提是各种类型的节目有各自鲜明的特点，并且能够在某一节目载体上完成融合。如果没有这种载体，在日常的节目形态中，只是相互借鉴，比如在访谈的形式上借鉴其他节目的元素，尤其是有利于提高收视率的传播元素，这样的情况就不是融合，而是相对独立的形态结合其他形态的一些特点和元素。当今时代，多种元素的互启、互用、互构、互融正在成为一种普遍的现象。

附录一

节目主持文本:《今日关注》之《抓捕十年 美国击毙本·拉登》

播出栏目:今日关注

节目名称:抓捕十年　美国击毙本·拉登

播出形式:直播

播出时间:2011 年 5 月 2 日

主 持 人:鲁健

访谈嘉宾:张召忠,国防大学教授、少将

殷罡,中国社科院西亚非洲所国际关系室研究员

提　要:"拉登死了","9·11"十周年之际,美国总统奥巴马于当地时间 5 月 1 日深夜宣布了这一惊人消息。拉登怎么死的? 拉登死了,是否意味着美国反恐任务的终结? "基地"组织会不会对美国乃至全世界反扑? 美国的下一个敌人是谁? 张召忠、殷罡为您权威解读,稍后请看《今日关注》。

主持人:各位好,欢迎您收看正在直播的《今日关注》。

本·拉登死了。这是国内外媒体关注的焦点内容。昨天深夜,美国总统奥巴马在白宫举行了紧急的新闻发布会,公布了这一消息。本·拉

登到底是怎么死的？他现在是不是已经被海葬了？本·拉登死了以后，“基地”的活动会受到什么影响？以后还会不会有第二个本·拉登出现？

今天我们节目请到两位嘉宾关注这些话题。一位嘉宾是本台特约评论员、国防大学教授张召忠少将，您好。还有一位嘉宾是社科院西亚非洲所研究员殷罡教授，欢迎两位嘉宾。

我们首先通过一个短片来了解一下拉登被击毙的相关背景。

（播放短片）

解　说：当地时间5月1日深夜，国际劳动节，还是个周末，美国白宫选择这样一个罕见的时间举行了新闻发布会，美国总统奥巴马带给世人一个震惊的消息。

奥巴马：今晚，我可以向美国人民和世界报告，美国在一次行动中杀死了基地组织领导人、恐怖分子本·拉登。他是谋杀数千名无辜男性、女性和儿童的元凶。

解　说：奥巴马介绍说，美国情报机构此前获悉本·拉登在巴基斯坦首都伊斯兰堡以北100公里阿伯塔巴德的一所住宅，随后美国军方对这栋住宅发起了“定点”行动，将本·拉登击毙。目前美国方面已经获得了本·拉登的尸体，并对其进行了脱氧核糖核酸DNA检测，确认了他的身份。奥巴马还表示，没有美方人员在这次行动中伤亡，也没有造成无辜平民伤亡。另外，根据奥巴马办公室一名高级官员当地时间2日透露，在5月1日美军对巴基斯坦发起的军事行动当中，除了本·拉登被击毙外，他身边还有三名成年人被打死，其中一个人就是本·拉登的儿子。

奥巴马发表讲话时，不少事先得到消息的美国民众聚集在白宫外，欢呼庆祝本·拉登之死。奥巴马发布本·拉登的死讯之后，美国国务院当天发布公告，提醒出国旅游或者在境外居住的美国公民提高戒备，防范因为本·拉登之死而引发的反美袭击。

主持人：之前一直说本·拉登是藏身在巴基斯坦和阿富汗边境的崇

山峻岭当中，但是我们这次注意到被击毙的地点阿伯塔巴德是首都伊斯兰堡附近的一个小镇，我们可以从地图上看一下这个具体的位置。大家看到这是首都伊斯兰堡，阿伯塔巴德也就是距伊斯兰堡100多公里，为什么本·拉登没有躲在巴阿边境的崇山峻岭，而是选择在这样一个小镇藏身呢？

张召忠：瞒天过海，说明他运用了瞒天过海的战术，因为原来大家都以为他会躲避在阿富汗南部—阿尔坎大哈这一线的崇山峻岭当中，因为那个地方有很多的溶洞，而且很多溶洞都是在反抗苏联入侵的时候修的，有很多的地下设施。这样就是在过去的十年过程当中，美国的特种作战部队就对整个的这些溶洞和原来苏联时期的一些地下的宫室进行了大量的搜寻，结果什么也没有发现。但是美国的特种部队和中央情报局就怀疑他躲在巴基斯坦，就是阿巴交界的地方，所以在过去的一两年，加紧了对这一块的搜寻。但是谁也没有想到，确实他就躲在伊斯兰堡的近郊，距离它100多公里的城市，他这个房子距离城市大约二三公里这么一个地方，这是没有想到。

主持人：他这个住所具体是在阿伯塔巴德的什么地方？

殷　罡：阿伯塔巴德是个小城市，而且他的住所附近就是一个军事院校。

主持人：军事院校？

殷　罡：是，巴基斯坦的军事院校。所以刚才张将军讲的就是，一开始大家怀疑他是在阿富汗西部，后来又怀疑他是在巴基斯坦的西北部。

主持人：原来大家一直以为可能是在阿富汗的南部地区？

殷　罡：对。后来就有人判断他一定躲在一个城市里，因为他肾不好，需要透析，需要一定的医疗设备，如果在深山老林里，可能活几个月就完蛋了，这个判断现在看起来是正确的。这一次发现这个地点，我觉的我们中国人有一句话叫灯下黑，躲在似乎是最危险的地方，住在派出所后头这样一种地方。

这个地方非常滑稽，这次对巴基斯坦军方的确是巨大的一个讽刺，似乎在国防大学家属宿舍区里边，周围还住好几个你们少将，然后本·拉登也住在那儿，还是一个违章建筑，盖得又高又大的。

主持人：居然巴基斯坦的情报人员就一直没有发现。

殷　罡：而且巴基斯坦军方一贯信誓旦旦地说本·拉登绝不在巴基斯坦，实际上有猜测还有什么藏在中国什么的。

主持人：这次本·拉登到底是怎么被抓获的？因为我们看到奥巴马说去年8月份中情局就已经向他汇报了，说找到了本·拉登的藏身之处。这次本·拉登您觉得是怎么被发现的，因为他现在据说是手机也不用，电话也不用，采取很传统的方式，人来送消息这样。

殷　罡：对，因为本·拉登很长时间，很多很多年就不打手机，然后跟踪他只能是用传统的人力跟踪，我觉得这个比较可信，就是外面有一些报道，就是本·拉登的地下交通送信的这些人被跟踪，跟踪到了他就跟踪到了本·拉登，而且本·拉登的住所非常奇怪，盖得非常坚固，而且没有任何电话线、网线通到这个堡垒里，所以它一定是不寻常的地方。

主持人：所以也引起了中情局的关注。

殷　罡：对，我觉得本·拉登最后还是疏忽了，可能是他的身体迫使他不得不住在这样的地方。

主持人：我们看到CNN的一个报道，说美国的海豹特种部队利用了直升机的伞兵空降，然后对住所发动突袭，还有说美国还出动了无人机对这个住所进行了轰炸。

张召忠：现在各方面发出来的消息都不一样，还有说巴基斯坦也参与了主动的攻击。按照美国的说法，它就说首先八个月前就发现了本·拉登在这个地方，但是在过去八个月当中，不断对他进行跟踪进行验证，验证的结果确信无疑，这是情报确认。什么时候动手，取决于一个战略指挥员的选择，根据国际战略，整个形势。奥巴马选择在 5 月 1 日这一天，奥巴马亲自指挥，中央情报局局长帕内塔在后方直接指挥的这场作战指挥行动，而且美军的前沿指挥官彼得雷乌斯也参与了整个的作战，从战略指挥来讲这个没问题。问题出在哪儿，是从哪儿起飞的直升机。这个地方距离巴格拉姆基地要有几百公里，如果使用直升机的话要飞好几个小时，怎么就进入了巴基斯坦的领空，巴基斯坦允许了没有，所以这又是一个问题。还有这个过程当中使没使用攻击机，是不是攻击机先投钻地炸弹，因为它这个地方肯定有一些地下室，投的钻地炸弹以后把这个房子夷为平地，然后直升机再由海豹突击队再进入，然后定点清除，逐个地找寻屋内的人员，是不是这么一个战术配合？我估计应该是从巴格拉姆基地起飞了攻击机，然后投激光制导炸弹或者是钻地弹，然后海军陆战队的直升机进来以后再打，应该是这么一个状态。

主持人：巴基斯坦电视台是公布了本·拉登住所遇袭的画面，我们可以再来仔细地看一看。其实这张画面，到目前为止还没有证实，但是据说是昨天深夜，可能也就是本·拉登被击毙的住所当时的房屋起火的一个画面。如果是根据起火的状况来看的话，是不是能够得出您刚才说的这个结论，就是先派了无人机，实施了轰炸，然后之后又派特种部队进去。

张召忠：我刚才没说无人机，我还忘了说了。我还怀疑在过去八个月以来，无人机一直持续保持 24 小时连续的跟踪监视，如果它不能保持连续的监视的话，它就无法确认是不是这样的一个目标。

主持人：我们现在看到这个火势还是非常地剧烈。

张召忠：从个火势来看，绝不是直升机干的，直升机没有这么大的火力。

主持人：所以有可能是无人机？

张召忠：直升机是运载海豹突击队进入到这个地区，当目标被钻地弹摧毁了之后，他们进去，因为他们有可能在地道里逃跑，有可能钻地下室，有可能四散而逃，他的海豹突击队主要是干这事儿。说白了，海豹突击队最大的一个战略目的就是把本·拉登抓住，拿到美国去，他怕这个人被别人抢跑了，所以这是他最主要的一个目标。

主持人：我们看到的这段画面，是巴基斯坦电视台公布的一段画面，是本·拉登住所遇袭的画面。刚才我们的嘉宾也分析说，由这个火势也可以判断，可能是先派飞机，然后对这个住所实施了轰炸，之后又派直升机空降，海豹特种作战队员进入本·拉登住所，将本·拉登击毙。

另外我们还有一段画面，就是今天公布的巴基斯坦方面已经对这个住所，就是击毙本·拉登的住所实施了封锁。我们也看到奥巴马在讲话当中提到，有必要强调，我们与巴基斯坦的反恐合作帮助我们找到了本·拉登以及他的藏身之所，是不是这次的军事行动有可能是和巴基斯坦合作的？

张召忠：我敢确定情报方面肯定进行了合作，现在就是巴基斯坦方面出尔反尔，就是他几乎和奥巴马同时宣布，是他出动了人员去主动打的。为什么？因为巴基斯坦的一架直升机突然坠落了，是被击落了，被谁击落了？这是一个很大的疑问，将来要解释这个问题，被谁击落了。

我怀疑是不是美军也去打本·拉登，巴基斯坦也去打本·拉登，结果他们两个在打本·拉登的时候是不是被美军击落了，这是一个疑问，就是大家都抢着去打。

第二个疑问，巴基斯坦飞机坠落了以后，结果他就莫名其妙、歪打正着就把本·拉登打死了，这就没有这种事儿，不可能就歪打正着就把这个本·拉登打死了，所以最后在奥巴马发布这个消息之后，巴基斯坦的外交部出来说：不对，我们没有参加打击，我们只是在情报进行的合作。我感觉现在还是我们相信官方的这个消息，那就是说巴基斯坦和美国只在情报进行了合作，没有参与现场的打击，应该是这样的。

主持人：所以现在本·拉登被击毙了，现在已经经美国方面的证实了，而且据说已经是进行了DNA的检测。

另外，《美联社》的一个消息，说一名美国官员透露，本·拉登遗体已经被海葬了，因为按照伊斯兰教的传统，人死以后要在24小时内下葬，但是很难找到一个国家愿意接受本·拉登这样头号恐怖分子的遗体，所以美国就决定把他葬在大海。殷教授，您觉得这个消息可信吗？

殷　罡：我觉得这个消息可信，但是说没有人愿意接受，这个不可信。实际上说把他扔到大海里，应该是拿直升飞机去扔的，而且是根据伊斯兰教的传统，在第二个日落前必须下葬。所以美国现在已经把他扔在海里，这个是可信的。再一个问题扔到海里符合不符合伊斯兰的规矩，还是符合的。因为伊斯兰过去是一个通商的名词，我们看印尼、马来西亚包括中国的海南岛这些穆斯林，他们都是从海上来的。如果他在海上长途航行当中，他要死掉的话，只有一个办法，就是投到海里，所以投到海里水葬并不违背伊斯兰的教义。

为什么扔到海里而不给就地在深山老林随便找个地埋了？就是为了防止后人对他的祭奠，这个过去对一些战犯什么的，日本战犯都采取这种做法，所以这个事情干得是比较迅速，他们事先想好了的。

主持人：但到目前为止，我们还没有看到本·拉登被击毙到之后处理本·拉登遗体这样的一些画面，美国方面迟迟还没有公布这些画面。

殷　罡：他有他的考虑，这些画面肯定会有，有一种说法就是说当人们不信的时候，逐级地把这个问题让你相信。而且如果你看到他的尸体，今天晚上公布了一个头像，那个证明是假的，而且完整的尸体，他的弹孔，安葬的过程，就是遗体处理的过程等等，这些都应该有完整的录像。

主持人：另外本·拉登死了以后，基地的活动会受到什么样的影响，还会不会有第二个本·拉登的出现，这些都是大家关注的焦点，我们接下来通过一个短片先来看看“基地”组织进行过多次的恐怖袭击的活动。

（播放短片）

解　说:基地组织由本·拉登一手创建,成立之初,目的是训练和指挥阿富汗义勇军,与入侵阿富汗的苏联军队战斗,曾得到美国大力援助。但是在1991年苏联从阿富汗撤军之后,基地组织将目标转为打倒美国和伊斯兰世界的"腐败政权"。

2001年9月11日,19名基地组织恐怖分子劫持了四架美国民航客机,操纵其中两架飞机分别撞上纽约世界贸易中心双塔,两座建筑都在两小时内倒塌。"9·11"恐怖袭击共导致3000多人死亡,造成数千亿美元经济损失。美国称本·拉登是这次袭击的策划者,认定拉登藏匿在阿富汗并受到塔利班的庇护。美国于2001年10月发动阿富汗战争推翻了塔利班政权,然而拉登本人从此下落不明。

主持人:其实说到本·拉登很多人也都知道,他祖籍是也门,出生在沙特阿拉伯,而且家庭非常地富有。他父亲是沙特的一个建筑商人,而且本·拉登自己也在西方经营很多的公司,据说一度身家可能有十几亿美金。但是他是怎么成长为一个恐怖大亨的呢?我们先看看大屏幕上,这是年轻时候的本·拉登,本·拉登当时应该还是一个就是说没有太多的恐怖主义思潮的这样的青年人,但是后来他为什么发生这样大的转变呢?

张召忠:本·拉登他思想的变化,首先他是一个富家子弟,他们家有50多亿美元的资产,在沙特算是第一大富翁。他的祖籍是也门,生在沙特。就是他在青年时代应该是一个激进分子,就是伊斯兰教的激进分子。这样他参加了伊斯兰的圣战组织。他跑到阿富汗去,要为捍卫阿富汗的主权和领土完整而战。

主持人:反抗前苏联?

张召忠:反抗前苏联。

主持人:很多人说其实是美国一手制造。

张召忠:美国中央情报局一看这个圣战组织很有希望,说你们要干什么?说是反苏联。那你们有武器吗?有钱吗?他说钱有,没有武器。那美国说那行，缺什么我给你什么，他自己弄一个大武器库，美国整天给他运武器。在那里就不断地招募一些人，最后他成立了自己的“基地”组织，那个时候就主要去反苏联。

主持人：那后来怎么走上了反美之路？

张召忠：这是一个阶段，然后苏联打了十年，最后失败了，1989 年撤军了，1979 年到 1989 年。1989 年苏联撤军的时候他们没事干了，没事干了回到沙特，回到沙特这个时候，1990 年 8 月 2 日，伊拉克入侵科威特，然后以美国为首的多国部队开始以沙特阿拉伯为基地准备打伊拉克，这个时候他就跟国王王室成员开始接触。哎，说怎么美国住在我们家里边，依托沙特阿拉伯去打我们兄弟，怎么可以这样呢？他又是义愤填膺，就是激进分子。王室说你别管这些事儿。然后不行，这怎么能住在我们的国家打我们的兄弟呢，这时候他开始滋生反美的情绪，然后这样由于他的意见得不到王室的尊重，最后他跑了，跑到非洲去，这个时候他就开始反美。这个阶段他反美主要是集中，你比方说他制造了肯尼亚、坦桑尼亚大使馆，死了 200 多人，伤了四五百个人。然后也门的科尔号驱逐舰的爆炸。

主持人：17 个人。

张召忠：基本上沙特阿拉伯两起袭击美国的军营，全都集中在非洲和阿拉伯国家这一带，这是第二阶段。这个时候克林顿当总统，那个时候就拿导弹开始打，这个时候他又往阿富汗跑，在那个地方重新组织他的基地，在全球对美国展开攻击，才有了后来的“9·11”。

主持人：所以说本·拉登应该说成长为一个头号恐怖大亨也是有他特殊的一段历史背景，现在本·拉登已经被击毙了，目前的全球的这种状况，还能够产生第二个本·拉登吗？

殷　罡：就本·拉登这种重量级的人物可能是不会再产生了，因为他创造了一个系统，创造了一种理论，开创了一个先例，很多人跟着他走，“基地”组织从一开始像“9·11”事件是本·拉登亲自指挥的，一步一步具体指挥。到后来你看伊拉克战争之后，在伊拉克有伊拉克的本地化的基地组织，在阿尔及利亚北非的本地化基地组织，基地组织已经网络化，到处四面开花了。这个时候甚至我们可以说不需要全球性的精神领袖了，但是你会不会冒出另外一个跟他类似的、也有感召力的、有一些新的理论的人，这个也不能排除。本·拉登刚才张将军说他激进，实际上本·拉登小时候吃喝玩乐，穿着衬衫没有洗过，也是世界各国玩，他们家里有钱。他是搞建筑，搞装修的，实际上他有一种转念，这种人都是聪明的人，就是比一般人要聪明，悟性要高，他是在麦加维修伊斯兰圣地，晚上看的时候他悟到什么，自己的责任。从此以后就比较清心寡欲。由于他是建筑商，他一开始到阿富汗的时候，他们说本·拉登妻子打枪，你看打枪的姿势，都是从来没有打过枪的这种样子。他也帮人修路，提供一些后勤，修地营房干什么的，干这个，这是他的长处，后来他有了一定的影响力。

主持人：所以现在很难找到这样的人物，包括现在我们之前说的"基地"人物，二号人物扎瓦赫里，好像据说也被击毙了，现在还是一个谜。

殷　罡：扎瓦赫里比他更老道一点，理论性更强一点，本·拉登是自己悟出来的，他不是一个大师级别的人物。

张召忠：现在怀疑有一个伊斯兰教派的传教士叫安瓦尔·奥拉基这个人现在在也门，也门现在基地组织在那个地方有一些势力。如果说萨利赫总统现在在的话，这个还稍微好一点。如果说萨利赫要真的下台了，将来整个基地势力有可能在也门会做大，就是这个安瓦尔·奥拉基这个人有可能会接过本·拉登这个班，再以也门为核心继续进行这样的活动。

主持人：所以本·拉登虽然已经死亡了，但是"基地"的活动是不是就偃旗息鼓，这个显然是不可能的。关键是能不能掀起更大的浪潮，这也是大家关注，就是本·拉登死了以后，"基地"组织会不会在西方世界进行恐怖主义的反扑？我们接下来通过一个短片来看一看美国十年反恐之路留下了什么？

（播放短片）

解　说：本·拉登已死，美国前总统小布什称这是美国反恐至今最重要的成就。而这一年，也正是他发起的一场浩浩荡荡的美国反恐战争十年之际。

2001年10月7日，美国出兵阿富汗，在北约盟军的协助下，以雷霆万钧的高科技军事力量，对塔利班进行了持续两个月的军事打击。塔利班部队缴械投降，但基地组织残余势力退到连接阿富汗和巴基斯坦的多山地区继续活动着。

2003年3月21日，美国发动伊拉克战争，部分军队调往伊拉克。而那之后，一系列的恐怖事件发生了。2004年西班牙马德里的"3·11"大爆炸，2005年伦敦"7·7"自杀式连环爆炸，同一个月，埃及红海旅游胜地沙姆沙伊赫发生7次连环爆炸，基地组织在事后均宣布对以上爆炸事件负责。基地老二扎瓦赫里在2004年曾放言称"美国人正身处两把火之中。如果他们继续留在伊拉克，将会有更多人死亡；如果撤离，那么他们将输掉一切"。

美国《琼斯》月刊纽约大学基金会所做的一项研究表明，从2001年9月11日到攻打伊拉克以后，全球恐怖袭击发生的次数是原来的7倍，死亡人数从729人增加到5420人。

除了发动两场战争，布什还大幅增加反恐经费，美国的国家安全团队也经历了重大调整。中情局重新被委以重任，追捕拉登，并成立反恐特别行动小组。

但是布什任内，中情局却没有找到拉登。奥巴马上任之后，被推上中情局长职位上的帕内塔也曾承认一直不知道拉登在哪儿，多年没有可靠情报。就在帕内塔即将成为美国下一届国防部长前夕，中情局终于有了重大的突破。

主持人：本·拉登现在已经被击毙，基地现在还有没有能力组织实施大规模的恐怖活动来进行反扑?

张召忠:本·拉登对基地组织只是一个精神领袖,是一个符号,他生和死已经不太重要。就是他死了之后基地组织的活动照常,也有可能相反,基地组织会组织更大的恐怖活动。

危机解密网站最近解密了一个爆炸性的新闻,就是"9·11"恐怖分子,现在关在关塔那摩基地,这人叫哈立德·谢赫·穆罕默德,这个人说如果你把本·拉登抓住,或者把本·拉登杀了,我告诉你我在欧洲藏了很多核弹,随时可以引爆,就类似这样的事情。所以说解除恐怖分子袭击的根源并不是杀一个两个本·拉登,而是消除贫困,消除滋生恐怖分子的这种根源、这种温床,比方说不要搞强权政治,不要搞种族歧视。

主持人:本·拉登已经死了,萨达姆已经死了,美国的下一个敌人会是谁?

殷　罡:美国的下一个敌人就是新的本·拉登,还有试图做萨达姆的这种小强人。本·拉登死了,但是类似本·拉登的人还继续存在。

附录二

节目策划方案一:《华人影响力》

栏 目 名 称:华人影响力

时　　　长:30 分钟至 50 分钟

播 出 时 间:每周任意一天的晚间时段,每周加两到三次重播

节 目 样 态:演播室外,主题事件现场面对面采访

播 出 平 台:央视中文国际频道(CCTV-4)

栏目宣传语:华人影响力,影响全球华人

主　题　词:中国走向世界、华人影响世界

华人影响力——全球视野、华人视角

影响力华人——展现当代华人的内心世界和文化延绵

合 作 伙 伴:中国网络电视台、新浪网、搜狐网

策　划　人:鲁健

1.前言

当代中国人走向世界的方式已经发生了很大的变化,包括海外投资、海外上市、跨国并购、国际援助、国际合作、文化交流、国际体育赛事等等,能够影响世界的华人在经济、文化、体育领域层出不穷,他们吸引着全世界的关注,怎样通过电视栏目来展现:

中国人走向世界过程中的勇气与挑战，

中国人走向世界过程中的胸怀与气度，

中国人对于世界经济文化体育的影响，

中国与世界和谐地理解、交流与共存。

2. 栏目定位

(1)国际频道唯一的华人高端人物访谈节目。

(2)在中国的全球影响力逐步提升的背景下展现全球华人的国际影响力。

(3)适合国际频道的定位,借华人影响力提升频道影响力和频道总体价值。

(4)适合自主创新的理念,传播民族品牌自主创新、走向海外之路。

(5)适合和谐世界的主题,介绍中华文化与体育走向世界,传播中华文明,增进理解交流。

3. 栏目策划背景

影响力华人影响世界,影响受众。

首先,这些人物具备新闻价值,他们的奋斗经历本身就能吸引眼球;

其次,他们走向世界的过程蕴含着中国走向世界的大背景,这其中有不少故事,也有很多经验,可以激发观众的好奇心;

最后,有影响力的人物可以全面提升中文国际频道的形象,增强中文国际频道的海外传播力量。

所以我们要做的是:

(1)发现影响力人物的故事。他们成长的经验、与世界接触并影响世界的故事、影响力的伙伴团队。

(2)打造影响力人物的资源平台。《他们影响世界》每周播出一期,集中影响力人物,并搭建“CCTV 华人影响力年度评选”“CCTV 影响力人物公益行动”的平台,把它打造成为一块具有丰富经营空间的稀缺资源,提升频道影响力。

(3)华人影响力传播。更好地传播当代华人,包括在世界经济界、文化艺术界、体育界有影响力的人物;通过对有世界影响力的华人的访谈,让世界了解中国,让中国走向世界。

4.栏目比较分析

国内主要人物访谈类栏目对比

编号	栏目	人物选择	谈话形式	节目样态
1	央视新闻频道《面对面》	偏重于国内新闻人物,不一定是显著人物	单对单访谈	演播室外
2	央视新闻频道《人物新周刊》	关注有新闻性的人物	人物秀	偏重于娱乐与互动
3	央视新闻频道《高端访问》	偏重于政治人物和国际知名人士	单对单访谈	演播室外
4	央视科教频道《人物》	各方面有影响力和时尚感的人物	外景采访	专题纪录片
5	央视科教频道《大家》	老年资深学者	单对单访谈	演播室外
6	凤凰卫视《鲁豫有约》	偏重于表现具有新闻性、趣味性的社会人物	单对单或单对多	演播室内带观众
7	凤凰卫视《名人面对面》	社会影响力人物	单对单访谈	演播室外
8	上海电视台《可凡倾听》	社会影响力人物	单对单访谈	演播室外
9	湖南卫视《天下女人》	都市女性精英	单对单访谈	演播室内带观众
10	阳光卫视《杨澜访谈录》	国内外知名人士	单对单访谈	演播室外

《华人影响力》与同类栏目比较的独特性:

(1)人物定位:影响力华人。结合新闻事件,在某一特定时间段和中国以外的世界发生关系并造成一定的影响甚至轰动的新闻主人公或群体。

(2)谈话形式:现场访谈。结合主题人物的主题事件,在现场对人物进行深度访谈,从主题事件开始进入人物的成长历程和内心世界。

(3)谈话角度:全球化。影响力人物塑造影响力的过程,与世界交流的冲突与希望，现场的经验展示。对影响力事件关注的同时，更注重从人文角度关注这个人物的情感。

(4)观点呈现：不仅站在中国人的角度来发现影响力人物的魅力，更以国际人士的眼光和视角来呈现一个完整的人物形象。

5.栏目内容框架

(1)人物选择：以不同领域的人物系列来构成完整的内容链条。

一是，经济人物。

海外投资、海外并购的商业领袖：海尔集团张瑞敏、联想集团杨元庆和柳传志、中海油老总、华为、中兴等；

海外IPO的商业领袖：百度李彦宏、新东方俞敏洪、网易丁磊等；

海外经济技术合作的带头人：铁路、电信、医疗援助等；

海外贸易壁垒的诉讼商业群体：温州鞋商群体、电视机企业群体、温州打火机企业群体、摩托车企业群体、DVD企业群体等。

二是，文化人物。

在国外获奖、作品拥有海外市场或者和外方合资制作作品的影视导演、演员、音乐家等：李安、谭盾、成龙、郎朗等；

作品拥有海外影响力的文化人物：金庸、梁羽生、陈丹青、黄永玉、朱哲琴等；

参与海外文化活动的组织合作者：中法文化年、中意文化年、中国俄罗斯年、中埃文化年的主要参与者等。

三是，奥运和体育人物。

为中国体育事业和奥运作出重大贡献的人：何振梁、霍英东及其子女等；

在海外取得重大成绩和突破的教练及运动员：姚明、邓亚萍、刘翔、郎平、黄玉斌等；

为奥运服务的各方人士：开幕式导演张艺谋、奥运赞助商代表、奥运吉祥物设计者、奥运场馆的中国设计者等。

四是，其他重要的海外华人（此系列人物还可以配合《华人世界》的播出）。

有知名度的海外华人：世卫组织总干事陈冯富珍、获得诺贝尔奖的华人、神探李昌钰等在各领域作出突出贡献的华人；

爱国华商：有一定知名度的华商，新闻事件的参与者，比如撤侨行动的参与者、重大投资项目的负责人……

6. 栏目样片设想

“为六十年大庆忙碌的华人”，拟采访电影《建国大业》的主创、六十大庆阅兵活动的总导演等。

7. 栏目运营架构

（1）人员配备。

职位	人数	职　　责
制片人	1	
策划	1	栏目策划统筹及文字统筹
主编	2	各负责一个制作组
编辑	4—8	分为两组，负责前期采访、文案设计、现场导演、后期粗编
嘉宾外联	1	负责联系嘉宾及嘉宾外围采访对象
制片	1	
合计	10—14	

注：后期包装人员利用现有资源，不在栏目内

（2）运营模式。

一是，按照特别节目的运营方式，成立专门栏目组。

二是，以单独栏目《华人影响力》招商，“CCTV 华人影响力年度人物评选”活动平台搭建之后再捆绑招商。

三是，招商方式：特约播出，比如联想特约《华人影响力》；插播广告，4

到 6 分钟广告；赠送嘉宾及网友的纪念品赞助。

8. 栏目打造的资源平台

(1)“CCTV 世界影响力年度人物评选”：共分为五大系列：

CCTV 华人影响力年度商业领袖，

CCTV 华人影响力年度民族品牌，

CCTV 华人影响力年度文化人物，

CCTV 华人影响力年度体育人物，

CCTV 华人影响力年度海外华人。

(2)CCTV 影响力人物公益行动：绿色行动、助学行动、留学梦行动国。

(3)CCTV 华人影响力年度人物榜。

9. 栏目公关活动与媒体互动

(1)公关活动：

开播前的宣传活动，

每一期节目的互动调查：征集你最想采访的影响力人物和想问的问题，

参与 CCTV 华人影响力人物的推选和评定，

参与 CCTV 影响力人物公益活动的全程报道。

(2)平面媒体：《人民日报》海外版、《中国日报》、《环球时报》、《中国青年报》、《中国新闻周刊》等，还将邀请海外知名媒体，如 *People*、*Time* 等

(3)广播电台：中央人民广播电台、北京人民广播电台等。

(4)网络媒体：CNTV. com，Sohu，Sina，Tom 等。

附录三

节目策划方案二:《健谈》

栏目名称:健谈

时　长:日常版30分钟,周末版60分钟

播出时间:周一至周五,日常版,22:30—23:00

周六,周末版,22:00—23:00

节目样态:演播室内,有嘉宾和现场观众,群言式

播出平台:央视中文国际频道(CCTV-4)

策划人:鲁健

1.栏目策划背景

《健谈》符合国家发展的大背景:中国正在以更快的速度融入世界。在这个加速融入的过程中,将有越来越多的人感受到文化冲突,节目中面对冲突,解读冲突,寻求疏解的渠道和方式。

符合央视中文国际频道发展的小环境:央视中文国际频道需要继续打造符合频道定位和发展的常规栏目,以强化频道品牌价值。《健谈》着眼于国内,放眼世界,而且以历久弥新的文化为话题,前景可喜。

具备实施的条件:技术、编播条件具备,较难控制的因素是嘉宾和现场观众。目前外国驻京工作人员和外国留学生逐年增加,为日常版选择

20位左右中文流利的外国人为固定嘉宾，每周选择50位会说中文的外国人为周末版的现场观众。

2.栏目内容

《健谈》是一档中国人主持，外国人参与，以中文为主要交流语言的文化脱口秀。以促进中外文化交流为目的，以世界上所有希望与外国人交流的华人为目标观众，以文化差异产生的冲突为内容。栏目的核心内容是文化冲突，但以身边发生的具体事件为载体，语言故事性强，轻松活泼，信息量大。

(1)故事性强

讨论的话题是在世界各国都会碰到的问题，比如坐出租、处理婆媳关系、教育子女、看电视、打电话等，是每个人生活中都会遇到的事情。

日常版每天谈论的都是具体事件，其中即使有观点也是针对具体事件的观点。不做文化冲突的论文，而要把不同文化背景的人们对一个人、一件事、一件商品的不同看法以及成因一点一滴地展现出来，在展现中增强不同文化背景的观众的相互理解。

周末版时间更长，但并不意味着更理论化。总的来说，我们增加的是观察的视角和观察的层次。周末版的深度是维度增加、解剖面增加后自然形成的深度，而不是向哲学层次挖掘的深度。

(2)轻松活泼

无论是日常版还是周末版，《健谈》的理想状态是形成一个场，一个感性的、轻松的谈话场。参与者通过聊天、表演等形式主动、踊跃地与他人分享自己的经历、感受和观点。

(3)信息量大

对某一件事情从不同角度描述得越详细，给观众的信息量就越大。因此，主持人、嘉宾必须有丰富的切身体会，而不只是把二手信息拿来泛泛而谈。同时，加强道具的使用，所有与本期话题相关的、可能展示的道具都可以进入现场。总的来说，《健谈》作为一档电视文化节目，有文化品味但又不曲高和寡。

4.栏目流程

(1)日常版：在虚拟演播室中录制，请两位固定的中国嘉宾，两到三位不同国籍的外国嘉宾，例如各大通讯社驻中国的记者，带着他们最近报道的关于中国的新闻来到节目现场，先进行描述，然后与主持人和中国嘉宾就新闻事件或现象展开讨论，话题范围主要集中在文化和生活领域。

片　头
45 秒。介绍主持人和两位外国嘉宾。
健　面
2 分钟。短片。主持人鲁健的话题表演。
健　谈
20 分钟。演播室谈话。
明天健
2 分钟。短片。两位外国嘉宾的话题表演和下期节目预告。

片头：介绍主持人和嘉宾，讲究趣味性，在第一时间抓住观众。

健面：由一个近期发生的事件引入话题。主持人鲁健或者在事件发生现场、或者与事件当事人面对面、或者手拿事件中的物品，以表演的方式说出今天的话题。

健谈：

喜欢不喜欢

1 分钟。表明态度。

我们这么想

4 分钟。来自三个国家的三个人的不同看法。

我们这么做

4分钟。传达信息的不同方式。

举一反三

11分钟。引申到新近发生的类似事件。

明天健:第一部分是嘉宾就本期话题的表演。第二部分是明日话题预告。

(2)周末版:在400平米演播室录制,请5位中国人和50位外国人为现场观众。

片　头

45秒。现场来自不同国家的观众以本国语言说今天主题。

健　面

2分钟。事件重现以及外景主持人在事件现场的发现。

我健过

5分钟。现场观众凭借自己过去的经验说还有可能发现什么。

当事人谈自己的感受。

健谈上半场

25分钟。

健谈下半场

15分钟。

下周健

2分钟。现场花絮集锦。

健谈上、下半场的运作方式:主持人挑起话题,穿针引线,推进谈话。5位中国观众:解释事件背后的原因,消除外国人对中国人的误解,当事人作现场展示。50位外国观众：提出自己对事件的理解，对他人观点赞成或者反对并说明理由，现场展示。节奏：每8分钟左右一个小话题。每个小话题中形成一个抢话筒的小高潮。必备环节：中间穿插至少一次道具展示或者才艺表演。

5.演播室设计

（1）日常版：虚拟演播室。

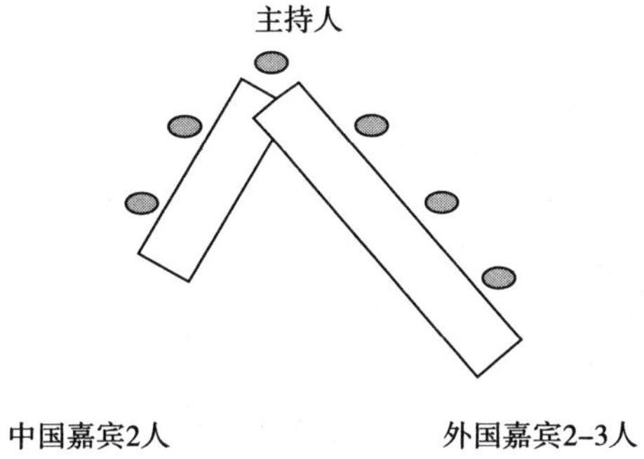

（2）周末版：400平米演播室。

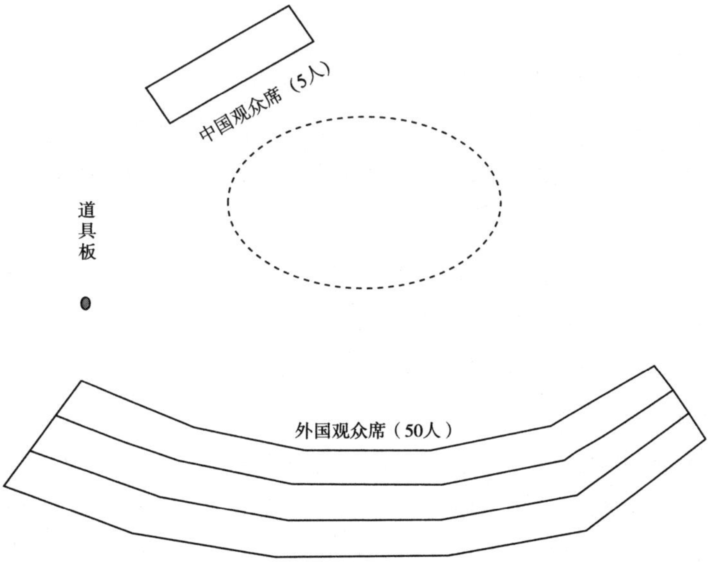

参考文献

雷蔚真、朱羽君:《电视采访学》,中国人民大学出版社 2010 年版。

吴　郁:《主持人的语言艺术》,北京广播学院出版社 1999 年版。

风笑天:《社会学研究方法》,中国人民大学出版社 2001 年版。

张启忠:《访谈节目编导教程》,中国传媒大学出版社 2008 年版。

杨兴锋:《高度决定影响力》,南方日报出版社 2004 年版。

张志安:《记者如何专业:深度报道精英的职业意识与报道策略》,南方日报出版社 2007 年版。

王尔山:《提问是记者的天职》,高等教育出版社 2003 年版。

崔保国:《2010 年传媒发展报告》,社会科学文献出版社 2011 年版。

南方报业传媒集团新闻研究所:《南方传媒研究:调查报道》,南方日报出版社 2010 年版。

陈红梅:《新闻采访》,华东师范大学出版社 2009 年版。

叶　子:《现代电视新闻学》,中国广播电视出版社 2005 年版。

张　颂:《中国播音学》,中国传媒大学出版社 2003 年版。

张　颂:《播音主持艺术论》,中国传媒大学出版社 2009 年版。

张　颂:《情声和谐启蒙录——张颂自选集》,北京广播学院出版社 2004 年版。

胡正荣:《传播学总论》,北京广播学院出版社 1997 年版。

叶　子、赵淑萍:《电视采访:探寻事实真相》,北京师范大学出版社 2009 年版。

钱冠连:《汉语文化语用学》,清华大学出版社 1997 年版。
张子扬:《电视节目论集》,作家出版社 1999 年版。
李凤辉:《语言传播人文精神的阙失与重构》,中国传媒大学出版社 2006 年版。
张　颂:《播音创作基础》(第三版),中国传媒大学出版社 2011 年版。
翁　佳:《对面——著名播音员主持人访谈录》,中国经济出版社 2003 年版。
邵培仁、杨丽萍:《媒介地理学:媒介作为文化图景的研究》,中国传媒大学出版社 2010 年版。
石长顺:《电视栏目解析》,武汉大学出版社 2008 年版。
徐　岱:《美学新概念》,学林出版社 2001 年版。
滕守尧:《审美心理描述》,中国社会科学出版社 1985 年版。
张海潮:《眼球为王——中国电视的数字化、产业化生存》,华夏出版社 2005 年版。
王希杰:《修辞学通论》,南京大学出版社 1996 年版。
汪凤炎、郑　红:《中国文化心理学》,暨南大学出版社 2004 年版。
熊学亮:《简明语用学教程》,复旦大学出版社 2008 年版。
王德春、陈　晨:《现代修辞学》,上海外语教育出版社 2001 年版。
张　颂:《播音语言通论:危机与对策》,北京广播学院出版社 1994 年版。
刘　虹:《会话结构分析》,北京大学出版社 2004 年版。
戴元光、邵培仁、龚　炜:《传播学原理与应用》,兰州大学出版社 1988 年版。
林语堂:《林语堂经典作品选(论读书论幽默)》,当代世界出版社 2002 年版。
刘京林:《新闻心理学原理》,中国广播电视出版社 2004 年版。
〔美〕布鲁克・诺埃尔・摩尔、理查德・帕克:《批判性思维——带你走出思维的误区》,朱素梅译,机械工业出版社 2012 年版。
〔美〕尼尔・波兹曼:《娱乐至死》,章艳译,广西师范大学出版社 2011 年版。
〔美〕吉尼・格拉汉姆・斯克特:《脱口秀——广播电视谈话节目的威力与影响》,苗棣译,新华出版社 1999 年版。
〔美〕埃里希・弗罗姆:《占有还是生存》,关山译,三联书店出版社 1989 年版。
〔美〕奥古斯特:《罗丹艺术论》,人民美术出版社 1978 年版。
〔法〕古斯塔夫・勒庞:《乌合之众——大众心理研究》,新世界出版社 2010 年版。

〔美〕约翰·布雷迪:《采访技巧》,中国新闻出版社 1985 年版。
〔美〕E. G. 波林:《实验心理学史》,高觉敷译,商务印书馆 1982 年版。
〔美〕库尔特·考夫卡:《格式塔心理学原理》,李维译,浙江教育出版社 1997 年版。
〔美〕威尔伯·施拉姆:《传播学概论》,中国人民大学出版社 2010 年版。
〔美〕布朗、基利:《学会提问——批判性思维指南》,向晋辉等译,中国轻工业出版社 2006 年版。
〔美〕梅尔文·德弗勒:《大众传播学诸论》,杜力平译,新华出版社 1990 年版。
〔苏〕巴赫金:《巴赫金全集》(第 5 卷),钱中文译,河北教育出版社 1998 年版。
〔美〕库利:《社会组织》,转引自《社会学思想名家》,中国社会科学出版社 1990 年版。
邵培仁:《论传播生态规律与媒介生存策略》,《新闻界》2001 年第 3 期。
尹学东:《网络特征对传播方式影响的再认识》,《电视研究》2002 年第 6 期。
中国广播电视学会:《中国广播电视学刊》2008 年第 9 期、第 10 期。
中央电视台总编室:《电视研究》2009 年。

后　记

衷心感谢我的硕士研究生导师和博士研究生导师张颂教授。此书由我的博士论文修改而成，在博士论文写作过程中，张颂老师悉心指导，提出诸多看法和建议，包括多从主持的角度切入以及具体章节安排等，引导我对电视访谈主持的理论与实践进行深入思考。2012年，张颂老师的身体每况愈下，但仍然关心着我，多次问及我的工作和论文写作情况。我多次上门求教，张颂老师不厌其烦，每次谈话都有一些话语对我触动很大。我很幸运有这样一位学养深厚、博学广闻并且一直关注实践发展的导师。张颂老师在2011年10月11日给博士生讲授“播音专业的危机与对策”时说的一句话：“乐于在场、勇于出席、善于发言”，使我终生受教。

张颂老师于2012年11月离开了我们。没能请老师为本书作序，成为我心中永远的遗憾！

不惑之年博士论文成书，既是对学业的总结，也是对事业的总结，更让我觉得幸运的，也是对人生一个阶段的总结。作为一名新闻节目主持人，能够在新闻事件中感受人们的喜怒哀乐，也会给自己带来人生的感悟和积淀。希望从此书开始：以现实的追求立命，以真实的态度立身，以智慧的方式立言，以批判的精神立心。